JN025746

〔新版〕

陰陽五行と日本の民俗

吉野裕子

人文書院

序

本書は先に上梓の『陰陽五行思想からみた日本の祭――伊勢神宮祭祀・大嘗祭を中心として――』（昭和五十三年、弘文堂刊、全集第三巻所収）の姉妹篇に当たるが、この既著の主要テーマは次の通りである。

「伊勢神宮内宮の祭神、天照大神には中国の宇宙神、北極星の神霊化としての太一が秘神として習合され、一方、外宮の祭神、豊受大神には、この天帝太一の乗車として、太一と相即不離の関係にある北斗七星が同様に秘神として習合されている。そのほか、北斗と並んで南斗も同じく表面からは全くかくされているが、伊勢神宮祭祀の対象となっている。

天皇一世一代の大祭である践祚大嘗祭においても、その祭祀の中心であるユキ・スキの大御饌とは、南斗・北斗という天の大斗《おおます》、つまり天の大匙を通して天帝太一に供進される御饌を意味する。」

第二のテーマは、

「古来、日本の為政者は、中国にならい、順当な四季の推移の祈求に熱心であった。一年の推移を自然に任せて放置せず、人間の側でも、五行の法則を使って、順調な推移を促す、要するに自然の移り変りに対する人為的の促し、それが日本の祭りと歳時習俗のきめてになっている場合が非常に多い。同時に災害に対する呪術にも、五行の法則が到る処に使われている。」というのがその大要である。

本書はこの前回における副主題を前面に据え、改めてテーマとしたものである。

前著の執筆過程において気付いたことは、国家的大祭ばかりでなく、如何に多くの日本の民俗事象が中国哲学の影響をうけているかということであった。そこでなお多くの事例を集めて『陰陽五行と日本の民俗』の題名の下に一冊の本とし、これを上梓することは、以来、片時も頭から離れない私の念願であった。幸い此度、この願いが果される運びに至ったことは限りないよろこびである。

もちろん日本の民俗のなかには陰陽五行よりはるかに古い原始信仰をうかがわせるものとか、そのほか種々の要素が混在している。けれども私は前回にひきつづき従来の視点から全く欠落していた陰陽五行を、複雑多岐にわたる日本の民俗の中から、あえて抽出して考察した結果を本書によって提示したわけである。多くの方のご一読とご高評を仰ぎたく思う。

昭和五十八年四月

吉野裕子

目次

第三章　陰陽五行と防災呪術

第五章 『易』と日本の民俗

陰陽五行と日本の民俗

第一章　陰陽五行思想の概要

第一節　はじめに

(一)　中国創世記と日本神話

中国の古典、『淮南子《えなんじ》』（淮南王劉安《わいなんおうりゅうあん》撰、紀元前一四〇年）の「天文訓」には、天地創造が次のように記されている。

「天地未だ形《あらは》れざるときは、馮《ひょう》々翼《よく》々、洞《どう》々灟《しょく》々たり。故に大昭といふ。（中略）清陽なるものは薄靡《はくび》して天となり、重濁《ぢうだく》なるものは凝滞《ぎようたい》して地となる。清妙《せいめう》の合専《がふせん》するは易く、重濁の凝竭《ぎようけつ》するは難し。故に天、先づ成りて地、後に定まる。」

また『三五暦記《さんごれきき》』（呉、徐整撰、二二〇―二八〇年）には、

「未だ天地あらざりしとき、渾沌として雞子《たまご》の如く、溟涬《めいかう》として始めて牙《きざ》し、濛鴻《もうこう》として滋萌《じほう》す。」

とみえている。

『日本書紀』（七二〇年撰上）もまた次のように云う。

「古《いにし》へ、天地未だ剖《わか》れず、陰陽《おんよう》の分れざりし時、渾沌《まろかれ》たること雞子《とりのこ》の如く、溟涬《くぐも》りて牙《きざし》を含《ふふ》めりき。その清陽《すみあきらか》なるもの薄靡《たなび》きて天と為り、重濁《おもくにご》れるもの、淹滞《とどこほ》りて地となるに及びて、精妙《たへ》なるが合ひ摶《あふ》ぐは易く、重濁《にご》れるが凝《こ》り竭《かた》まるは難ければ、天まづ成りて地、後に定まる。然る後に神聖《かみ》その中に生《あ》れましき。」

中国創世記は、古代中国の思想・哲学の根幹をなすものであるが、『古事記』とともに日本古典の双璧をなす『日本書紀』の冒頭が、その借用ではじまっていることは、私どもに次のことを類推させる。

つまりその揺籃期に、中国の文字・思想・哲学・学術・医術・暦など、あらゆる面においてその洗礼をうけた日本文化は、その基底に中国文化の影響を濃厚に宿しているということである。古代中国の思想・哲学の根本をなしているものは陰陽五行思想であり、前述の創世記もその表出である。従って陰陽五行を抜きにして日本を語ることは出来ないのである。

陰陽五行思想が記紀の中に顕著であることについて、飯島忠夫博士は、夙に次のように述べておられる。

「日本書紀には陰陽思想が含まれている。陰陽思想は中国の天文学の理論であって、天地の成立もこれによって説明され、易の哲学もこの適用に外ならない。そして五行思想は、またこの陰陽思想の展開したものである。神代説話の初にある天地開闢、国土生成の段に、この思想が加わっていることは、神代説話に中国文化の影響があることをものがたっているものといわねばならぬ。」（飯島忠夫『日本上古史論』四九頁、昭和二十二年）

㈡　陰陽五行思想の渡来とその推移

陰陽五行思想は大陸からはやく日本に渡来し、その時期はおそらく文字移入の原初にまでさかのぼるかと思われるが、もちろんはっきりしたことはわからない。しかし次のようなことはおよそ想像がつく。

正史に記載の暦本の初めての渡来は、欽明天皇一四年の紀元五五三年。降って推古天皇一〇年の六〇二年には百済僧観勒《かんろく》による暦本・天文地理・遁甲方術書の移入があった。

そこで日本に入った陰陽五行思想の歩みは、七世紀初頭まではやや緩慢であったが、六四〇年頃、南淵請安、高向玄理らの学僧や、留学生の帰朝後は急速に浸透し、ことに六六三年、百済滅亡の結果、多数の百済亡命者を迎えた天智朝に至ってその様相は一変し、さらに次の天武朝に及んで陰陽五行思想の盛行は、その頂点に達したと思われるのである。

自身、天文遁甲をよくされた天武天皇は、壬申の乱の後、陰陽寮《おんみようりよう》を設け、その四年（六七五年）には占星台を造営されたが、大宝令によれば、陰陽寮の組織は、長官・副長官を頭に、陰陽師《おんみようじ》・陰陽博士《おんようはかせ》以下各職員から成り、その任務は占筮・占星・漏刻《ろう》などの管掌にあった。平安時代には賀茂保憲《やすのり》・安倍晴明《あべのせいめい》が斯道の大家としてきこえていた。中世以降はことに晴明の後裔、土御門家が代々世襲してその長に任ぜられ、陰陽頭《おんようのかみ》・陰陽博士などを殆ど独占したが、徳川時代になるとその権限は一層強化され、諸国の陰陽師を統括した。

一方、徳川家康は、陰陽五行の奥義を体得して天源術を創始した天海僧正を重用したが、家康薨後も彼は秀忠・家光と三代にわたって仕えたから、その影響は幕政はもちろん、社会各層にもひろく及んだはずである。

陰陽《いんよう》五行《ごぎょう》、及びその実践としての陰陽道《おんみょうどう》は日本渡来以来、国家組織の中に組み込まれ、一貫して朝廷を中心に祭政・占術・諸年中行事・医学・農業等の基礎原理となり、時に権力者によって軍事に至るまで広範囲に実践応用された。

しかし明治維新を境に陰陽五行は迷信として退《しりぞ》けられ、国家の中枢からその姿を完全に消してしまったのであるが、明治・大正・昭和を通して、その伝統をつたえる諸家もなお多く存続し、今日に至っている。

(三) 陰陽五行と現代

陰陽五行思想とは中国古代哲学である。そのせいか、「陰陽五行」ときくと、それは私どもの耳に何か気遠く、かびくさく、非常にかけ離れたもののように響く。

しかしこれは古いようで新しく、いまもなお私どものくらしのなかに日々、息づいていて、少しも無縁のものではないのである。

その好例は十干十二支である。十干十二支は陰陽五行思想のなかで、極めて重要な位置を占めるものであるが、それが日本人のくらしのなかに実は生きている。

年の瀬が迫り、新しい年が近づく頃になると、次の年の干支《えと》のデザインが年賀状や暦をはじめ、縁起ものとして置物や室内装飾、そのほか日常の種々様々のものの中に溢れて、人々の注意を惹《ひ》く。こうして旧年のうちから自然に新しい年を迎える気分になるのが、戦前戦後を通して、少しも変らない日本の正月であって、新年と干支とは、日本人にとって深いつながりがある。同時に干支などとは、およそ関係がないと思われるような若い人でも、自分の生れが、申年とか酉年などということ位は知っていて、その年の生れの特徴などもわかっているようである。

新しい年とその干支、自分の生年とその干支、について大多数の日本人はよく知っている。にもかかわらず「干支」そのものについては意外に漠然としている、というのが実状ではなかろうか。

第二節　陰陽五行思想の概要

陰陽五行思想は、天地開闢《てんちかいびやく》から宇宙森羅万象の在り方に及び、中国古代天文学とも密接に関わりあっていて非常に複雑、難解であるが、その大要はおよそ次の通りである。

原初、宇宙は天地未分化の混沌たる状態であったが、この「混沌」の中から光明に満ちた、軽い澄んだ気、つまり「陽」の気がまず上昇して「天」となり、次に重く濁った暗黒の気、すなわち「陰」の気が下降して「地」となった、という。

この陰陽の二気は、元来が混沌という一気から派生したもので、いわば同根の間柄である。そこで陰陽二気は、互いにひきあい、親密に往来し、交感・交合する。

陰陽五行において、もっとも重要な根本原理は、この

- 天地同根、
- 天地往来、
- 天地交合、

の三つである。

これをも少し詳しくいえば、天と地、あるいは陰と陽は互いにまったく相反する本質をもつが、元来が同根であるから、互いに往来すべきものなのである。更に本質を異にする故に、反って互いに牽《ひ》きあって、交感・交合するものでもある。

例を雨にとれば、天から地上に降った雨は地下に浸透するが、やがて太陽の熱によってあたためられ、蒸発して雲となり、再び雨となって地上に降りそそぐのである。すべてこのように天地間の往来があって、はじめて万物は生々流転の輪廻が可能となる。

さて混沌から派生した最初の陰と陽、あるいは天と地の二元は、根本的二大元気である。この二元が交感・交合し、その結果、天上では、太陽（日）と太陰（月）、そのほか木星・火星・土星・金星・水星の五惑星をはじめ、諸々の星が誕生した。太陽は陽の気の集積、太陰（月）は陰の気の集積であるから、天上界が描かれるとき、太陽は東、月は西をその正位とし、星は中央を占めることになる。

一方、地上には陰陽の二大元気の交合の結果、木・火・土・金・水の五原素、あるいは五気が生じた。

(一) 五　行

この五原素の輪廻・作用《はたらき》が「五行《ごぎょう》」である。くり返していえば、五行の「五」は、木火土金水の五原素、あるいは五気をさし、「行」は動くこと、廻《めぐ》ること、作用を意味する。要するに、五原素の作用・循環が五行なのであって、後述するように一日の朝・昼・夕・夜も、一年の春・夏・秋・冬の推移も、すべてこの五行なのである。

(1) 相生《そうじよう》と相剋《そうこく》

この五行には、

相生

相剋（或いは相勝《そうしよう》）

の二つの理が考えられた。

陰陽五行の中には、いくつかの「理」、即ち「法則」があるが、この「相生・相剋」の理と、後述する「三合《さんごう》」の理は、日本の祭事と民俗に広汎に活用されている。これらの法則の理解なしに祭り・民俗を知ることは出来ないとさえ私は思う。

①　相　生

「相生」は、木は火を生じ、火は土を、土は金を、金は水を、水は木を生じるという順序。つまり相生とは、木・火・土・金・水の五気が順送りに相手を生み出して行くプラスの関係であって、水気によって生じた木気は、再びはじめにかえって火気を生み、無限に循環するのである。

これは次のような言葉で、簡単に表現される。

「木生火《もくしようか》」

「火生土《かしようど》」

木《もく》生《しょう》火《か》
火《か》生《しょう》土《ど》
土《ど》生《しょう》金《きん》
金《きん》生《しょう》水《すい》
水《すい》生《しょう》木《もく》

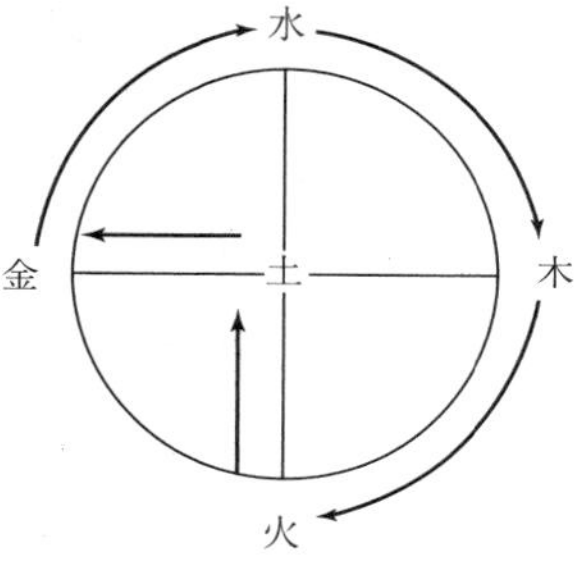

第1図　五行相生

木《もく》剋《こく》土《ど》
土《ど》剋《こく》水《すい》
水《すい》剋《こく》火《か》
火《か》剋《こく》金《きん》
金《きん》剋《こく》木《もく》

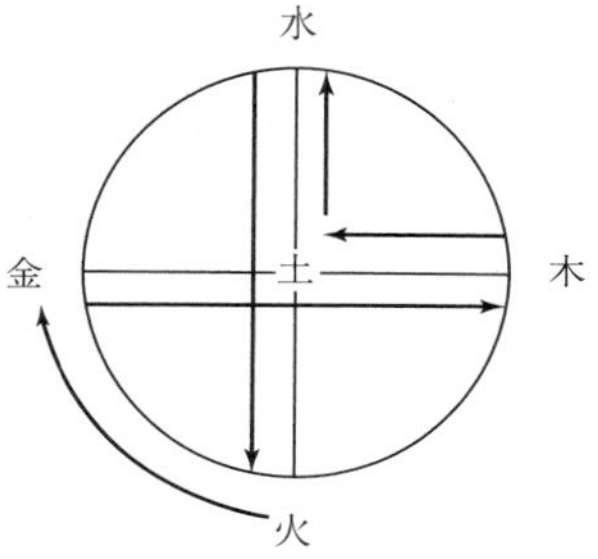

第2図　五行相勝（剋）

「土生金《どしょうきん》」
「金生水《きんしょうすい》」
「水生木《すいしょうもく》」

このような「相生」の循環の考え方の基礎となっているものは、非常に単純素朴な理である。

木生火……古昔、火を得るためのもっとも簡便な方法とは、木と木を擦《す》り合わせることであった。木と木の摩擦によって火が出るのは自然の理。木生火とはこういうところに発している。

火生土……物が燃えれば、そのあとに残るのは灰。灰は土気である。火生土はまことに自然の理である。

土生金……鉱物、金属類の多くは土の中に蔵されている。人は土を掘ることによって金属を手にすることが出来る。そこで土が金属を生む、土生金、である。

金生水……金生水は説明の根拠が求め難いが、空気中の湿度が高い時は、金属の表面に水滴が生じ易い。金生水の所以と思われる。

水生木……一切の植物、即ち木気は水によって養われる。水がなければ草木は枯死し、木は水によって生じるのである。

② 相　剋

相生が順送りに相手を生じてゆくのに対し、相剋は反対に、木火土金水の五気が順送りに相手を剋してゆく、ということである。

つまり木気は土気を剋し、土気は水気を剋し、水気は火気を、火気は金気を、金気は木気を剋すという、いわばマイナスの関係で、金気によって剋された木気は、再び土気を剋し、循環をくり返す。この様相は次のように表現される。

「木剋土《もくこくど》」
「土剋水《どこくすい》」
「水剋火《すいこくか》」
「火剋金《かこくきん》」
「金剋木《きんこくもく》」

相生と同じく、相剋もまた単純素朴な考え方に立っている。

木剋土……木は根を地中に張って、土を締めつけ傷《いた》めるものである。大木はもちろん、小さな灌木、やわらかな菜草に至るまで、それらの根はいずれも土を締めつけ、傷《いた》めるのである。そこで木剋土ということになる。

土剋水……土は水を塞《せ》き止めるものである。水は果てしなく流れ、溢れ、漲《みな》ぎろうとする。もし土がなければ水は溢れて止まるところを知らない。その水の力を抑えるものは常に土。洪水、出水に際して水防の役を果たすものは、昔も今も土である。この応急処置としての土積みに対し、より恒久的な対策としては土手、堤防の構築ということがある。土、土手、いずれも土の力による水力の抑制である。土剋水とは、この間の事情をいっているわけである。

水剋火……水が火をいためつける、というのは余りにも自明の理で今更、説明を要しない。火を消すのに最良の手段は水をかけることで、水は火に勝つ、防火即水なのである。

火剋金……金属は五原素の中で、最も強く固いものである。その金属も高温の火に遇《あ》えば容易に溶解される。火は金属にこの意味で勝《まさ》る。そこで火剋金となるわけである。

金剋木……亭々としてそびえる喬木も、斧の一撃に遇えば仆《たお》される。鋸《のこぎり》、手斧、すべての刃物は木を損《そこな》い傷つけるのである。つまり刃物即金属であるから、金剋木の理が成り立つ。

相生は、木火土金水の順で、五原素が順送りに相手を生じてゆくということ、

相剋は、木土水火金の順で、五原素が順送りに相手を剋してゆくということである。

宇宙の森羅万象はプラスの面のみを強調して活動しつづければ必ず破局に見舞われる。一方に必ずマイナスの面が必要である。木火土金水は宇宙森羅万象の象徴であるから、そこに相生・相剋の二面が考えられるのは当然なのである。

逆説のようではあるが、相剋そのもののなかに相生があり、相生の中に相剋がある。

つまり土は木の根によって締めつけられることによって崖くずれなどおこさないですむし、水は土によって行動を抑えられることにより、谷とか川の形を保つことが出来、火は水によって抑制されることにより、一切を燃焼しつくさずにすむのである。金属は火によって溶かされること

によって金属製品として形を成すことが出来、木もまた刃物によって伐られることによって、さまざまの製品となって、再生する。相剋の中に「生」のある所以《ゆえん》である。

また同様に、相生の中に私どもは「剋殺」をみることが出来る。木は火を生じつづければ衰え、火もまた土気、つまり灰を生みつづければ燃えつきるのである。

森羅万象の象徴である木火土金水の間に、相生・相剋の二面があって、万象ははじめて穏当な循環が得られ、この循環、即ち五行によってこの世の万象の永遠性が保証されるというわけである。

(2) 五行配当表

① 五気の配当

木火土金水は、互いに相生・相剋して輪廻するが、同時にこの木火土金水は、五原素としてあるばかりでなく、宇宙間の万象、つまり色彩・方位・季節・惑星・天神・人間精神・徳目・内臓・十干・十二支等を象徴するものでもある。換言すれば、万象がこの五気に還元され、あるいは配当されているわけである。

② 五行配当表のよみ方

五行配当表はまず木火土金水と縦に順に行を追って読み、次に横に読んでみることが必要である。

縦によむことによって、色彩・方位（空間）・季節（時間）から、天文・生物・人間の感覚・徳

五行	五色	五方	五時	五事	五徳	五星	五天帝	五人帝	五官神	五臓	五常	五虫	五味	五声	十干	十二支	易卦	月
木	青	東	春	貌	明	歳星(木星)	青帝	大皞	句芒	肝	仁	鱗	酸	角	甲乙	寅・卯・(辰)	震 ☳	旧一・二・三月
火	赤	南	夏	視	従	熒惑(火星)	赤帝	炎帝	祝融	心	礼	羽	苦	徴	丙丁	巳・午・(未)	離 ☲	四・五・六月
土	黄	中央	土用	思	睿	塡星(土星)	黄帝	黄帝	后土	脾	信	倮	甘	宮	戊己	辰・未・戌・丑		
金	白	西	秋	言	聡	太白(金星)	白帝	少皞	蓐収	肺	義	毛	辛	商	庚辛	申・酉・(戌)	兌 ☱	七・八・九月
水	黒	北	冬	聴	恭	辰星(水星)	黒帝	顓頊	玄冥	腎	智	介	鹹	羽	壬癸	亥・子・(丑)	坎 ☵	十・十一・十二月

第3図　五行配当表

目まで、要するに万象が木火土金水の五気に配当されていることが判る。

次に横によんでゆくことによって、気を同じくするものは互いに象徴関係にあることが納得される。

たとえば最初の木気を横によんでゆくと、木気は、色彩では青、方位は東、季節は春、時は朝、を意味するものであることがはっきりする。さらに十二支では、寅・卯・辰の三支、十干では甲（木の兄《え》）、乙（木《き》の弟《と》）である。

そこで陰陽五行に基づいて青色をみるとき、その青が意味するものは、東・春・朝などであって、「青春」「青年」の語が人生の春とか、若者を指す縁由《いわれ》も、自然にわかってくる。

次の火気を横によめば、色は赤、方位は南、季節は夏、十二支では巳・午・未の三支、十干では丙（火《ひ》の兄《え》）、丁（火《ひ》の弟《と》）である。

三番目の土気は色は黄、方位は中央、季節は土用、十二支では辰・未・戌・丑、十干では戊（土《つち》の兄《え》）、己（土《つち》の弟《と》）である。

四番目の金気は色は白、方位は西、季節は秋、十二支では申・酉・戌の三支、十干では庚（金《か》の兄《え》）、辛（金《か》の弟《と》）である。

五番目の水気は色は黒、方位は北、季節は冬、十二支では亥・子・丑の三支、十干では壬（水《みず》の兄《え》）、癸（水《みず》の弟《と》）である。

黒色によって象徴されるものは、冬、北、夜、暗黒であって、物の生命が妊《はら》まれ、萌《きざ》す暗黒の胎内でもある。

色彩は配当表のなかで取分け重要であるが、ここに撰ばれた五色とは要するに、赤・青・黄の三原色に、全反射と全吸収の白黒を加えたものであって、いわば色の基本である。

五行配当表にみられる五種類の色彩を、このように現代的に把握すれば実に判り易く、五色の種類を簡単に記憶することが出来る。この五色は、木火土金水に配当され、究極的には宇宙の万象を象徴することになるから、陰陽五行の理解の第一歩は、この五色を知ることである。

五色の種類の記憶の次にくるものは、その五色が象徴するものをおぼえることである。先に陰陽五行は非常に感覚的なものであると述べたが、それはこの色彩においてもっとも著しい。

もし目を閉じて「木気」、植物を象徴する色は何か、と考えれば誰の脳裏にも立ちどころに現れて来るのは「青」であろう。その通り、木気の色は青である。

次にこの「木気」あるいは「青」の方位は東・西・南・北・中央の五方位のうち、何処であろうか。

五気のうち有機物は木気だけである。陰陽五行において、木の本性を「曲直」とする。つまり、木は地中に発芽した幼芽のうちから進むことが可能な間は専ら進み、石などの障害物があれば曲って道を変え、前進して止まない。すなわち曲直たることの所以《ゆえん》である。こうして五気のなかで生命に溢れ、生成発展が期待出来るのは木気である。

朝毎に太陽の昇る東は、生成発展の期待される方位である。それならば「木気」と「青」によって象徴される方位は当然「東」をおいてはないはずである。木の方位は東。

木気の方位がこのような理由によって東に定まれば、同じ考え方によって万物の生命の始まる

「春」が、木気によって象徴される季《とき》となる。一日の時間にとれば「朝」が木気である。青・東・春・朝は、すべて木気に還元されるが、これらが木気として無理なく横に一列に並ぶということが実感されるのは、偏に感覚的把握によることではなかろうか。

次の「火気」の色は「赤」。火気が赤で象徴されることは自明である。その方位が「南」、季節が「夏」、一日でいえば「昼」ということも自然に納得されることである。

火気の本性は「炎上」。火の性質はいろいろあるが、「炎上」として、上へ行くもの、上昇として捉えられているのは、後述する水気の本性が「潤下」といって、下へ行くものとするのに対応する。

三番目の「土気」の色は「黄」。中国の大地は広大で、それは無限の拡がりをもつ天に匹敵するものとして意識されていたことは、始めに述べた通りである。天に対する地であって、その結果、土気の「方位」は「中央」である。その季も、季節と季節を結ぶ中央の「土用」ということになる。

土気の本性は「稼穡《かしょく》」。五穀をはじめとする諸々の収穫物を養い育てる意味がある。土気がなければ何物も生じないのである。

四番目の「金気」の色は「白」。冷たく光る金属の色である。金気は五気のうちもっとも固い。そこでその季節は万物の固く結実する「秋」。方位もまた落日の「西」である。

金気の本性を「従革」とする。従革は改まること。秋は万物が枯死に向う「殺」の時であり、同時に万物が結実して生命が「更新」する時でもある。

西の金気の「殺」は、東の木気の「生」に対応する。

五番目の「水気」の色は「黒」。水は暗い低処に集まる。黒色の所以である。その季節は「冬」、方位は「北」となる。

水気の本性を先述のように「潤下」とする。下方へ、下方へと流れてやまないのが水の本性で、この本質は火気の上方志向のそれに常に対置されるわけである。

(3) 五色

① 万物の象徴としての五色

陰陽五行において五色の意味は以上みて来たように極めて重く、現在でも社寺の大祭や落慶式に、この五色の幟りのはためくさまがみられるが、それは単なる装飾ではない。

五色はまず木火土金水の五原素・五気を象徴するが、この五原素の背後に更に拡がっているものは方位から季節、生物、徳目、等、宇宙のすべてに及び、五色の幟りによって象徴されるものは、人間の生活、つまり民生保証の根源としての宇宙そのものなのである。

② 『禮記』月令にみる色彩の重要性

陰陽五行における五種の色彩は、時間・空間を統合し、宇宙そのものを表現する。

中国哲学において時間・空間の一致は、顕著な特質であるが、それをもっともよく示しているものは『禮記』月令中の次の記事である。

『禮記』月令は、古代中国における一年十二ケ月の星座、気候と、その月々に行なうべき行事の記録である。

この「月令」の記述によれば、立春の時、天子は青衣を着け、青玉を佩び、百官を従えて親ら東郊に赴き、春を迎えた。

同様に立夏となれば赤衣をまとい、南郊に夏を迎え、立秋には白衣をもって西郊に秋を、立冬には黒色の衣を着けて北郊に冬を迎えたのである。

古代中国の天子の四季の推移に関わるこの行為は、後述するように種々の面から考究すべき問題であるが、今ここに「象徴」の面で捉えれば、これは正に、色彩・方位・時間における象徴関係の具象化であって、中国思想の特徴の一つをはっきりとみることが出来るのである。

(二) 十干

(1) 十干について

原初唯一絶対の存在は、「混沌」。これを『易』では「太極」とするが、この太極から派生するのが根源の「陰陽」二気である。この二気から、木火土金水の五気が生じるが、この五気は更に「兄弟《えと》」の陰陽に岐《わか》れる。五行配当表で述べたように、たとえば木気は木の兄（甲）、木の弟（乙）に、火気は火の兄（丙）、火の弟（丁）に分化するが、これが、「十干《じっかん》」である。

木＜兄《きのえ》（甲）……大樹
　＜弟《と》（乙）……灌木

火　兄《ひのえ》（丙）……太陽の光熱
　　弟（丁）……提燈・ロウソクの火

土　兄《つちのえ》（戊）……山・丘陵の土
　　弟（己）……田畑の土

金　兄《かのえ》（庚）……剛金
　　弟（辛）……柔金

水　兄《みずのえ》（壬）……海洋・大河・洪水の水
　　弟（癸）……水滴・雨露・小流の水

甲《こう》・乙《おつ》・丙《へい》・丁《てい》・戊《ぼ》・己《き》・庚《こう》・辛《しん》・壬《じん》・癸《き》の十干は、つまり木《き》の兄《え》、木《き》の弟《と》、火の兄、火の弟、土の兄、土の弟、金の兄、金の弟、水の兄、水の弟、ということになる。

昔の母親たちは幼い児らに厄介なこの十干を「キ、ヒ、ツ、カ、ミ、と覚えなさい」といって教えたものである。それに「エ」と「ト」をつければ十干は自然に口に出て来る。私事になるが、私も母からこのように教えられた。

陽の兄の本質は、剛強、動、
陰の弟の本質は、柔和、静、

であって、陽干と陰干とでは、同気ではあっても多少その性情を異にする。もし例を人の気質にとるならば、甲《きのえ》の人と乙《きのと》の星の人の場合、木気の特徴として、何処までも伸びようとする進取の気象の持主であることは共通でも、その進み方は前者が果敢であるのに対し、後者の動きは、はるかに地味なのである。

(2)　十干象意

十干の、「甲乙丙丁戊己庚辛壬癸」の各字は、その中に万物の栄枯盛衰の象を内蔵している。

「甲《こう》」はヨロイで、草木の種子がまだ厚皮を被《かぶ》っている状態。

「乙《おつ》」は軋《きし》るで、草木の幼芽のまだ伸長し得ず、屈曲の状態。

「丙《へい》」は炳《あき》らかで、草木が伸長して、その形体が著明になった状態。

「丁《てい》」は壮と同義で、草木の形態の充実した状態。

「戊《ぼ》」は茂るで、草木の繁茂して盛大になった状態。

「己《き》」は紀で、草木が繁茂して盛大となり、かつその条理の整った状態。

「庚《こう》」は更《あらた》まるで、草木の成熟団結して行きつまった結果、自《おのず》から新しいものに改まってゆこうとする状態。

「辛《しん》」は新《しん》で、草木の枯死してまた新しくなろうとすること。

「壬《じん》」は妊で、草木の種子の内部に更に新しいものが妊《はら》まれることを指す。

「癸《き》」は揆《はか》るで、種子の内部に妊まれた生命体の長さが、度《はか》られる程になったという象。ついで帽子をかぶってムクムクと動き出す「甲」となるわけである。

(三) 十二支

(1) 木星と十二支

十干に組み合されるものが「十二支」であるが、十二支は五惑星の中で、最も尊貴とされた木星の運行に拠《よ》っている。

木星の運行は十二年で天を一周するが、厳密には十一・八六年である。つまり木星は一年に十二区画の中の一区画ずつを移行し、その所在は十二次によって示される。

木星は太陽や月とは逆に西から東に向って移動するので、木星の反映ともいうべき仮の星を設けて、これを時計と同じように東から西へ移動させることにした。この想像の星は神霊化されて「太歳《たいさい》」の名称で呼ばれるが、この太歳の居処につけた名が、子《ね》・丑《うし》・寅《とら》・卯《う》・辰《たつ》・巳《み》・午《うま》・未《ひつじ》・申《さる》・酉《とり》・戌《いぬ》・亥《い》の十二支である。つまり十二支は木星と反対方向に、同じ速度で巡る太歳の居処につけた名称であって、これが年の十二辰、または十二支である。

木星と太歳がその袖を分つ処は、「寅」のはじめの処である。太歳が寅の処にいる年は、寅年、卯にいるときは卯年であるが、その時、つまり太歳が寅にいて寅年のとき、木星は丑にいるわけである。

(2) 月の十二支

十二支は年だけではなく、月にも日にも時刻にも方位にも配当される。

月の十二支は北斗七星の黄昏時（午後八時頃）に、始めて見える時に指している方位によって指示される。つまり北斗の剣先が、黄昏時に、寅の初めを指す日を正月の節とし、寅の中央を指す日を正月の中とし、卯の中央を指す日を二月の中とする。

正月が常に寅月であるのはこの為である。次に掲げるのは各月に配当された十二支による一年の構造の表示である。

(3) 十二支による一年の構造表

	旧		
春（木）	1月	……寅月	生
	2月	……卯月	旺
	3月	……辰月	墓
夏（火）	4月	……巳月	生
	5月	……午月	旺
	6月	……未月	墓
秋（金）	7月	……申月	生
	8月	……酉月	旺
	9月	……戌月	墓

（水冬）

10月……亥月	生
11月……子月	旺
12月……丑月	墓

（辰・未・戌・丑は土気になる。後述）

(4)　十二支による一年の構造図

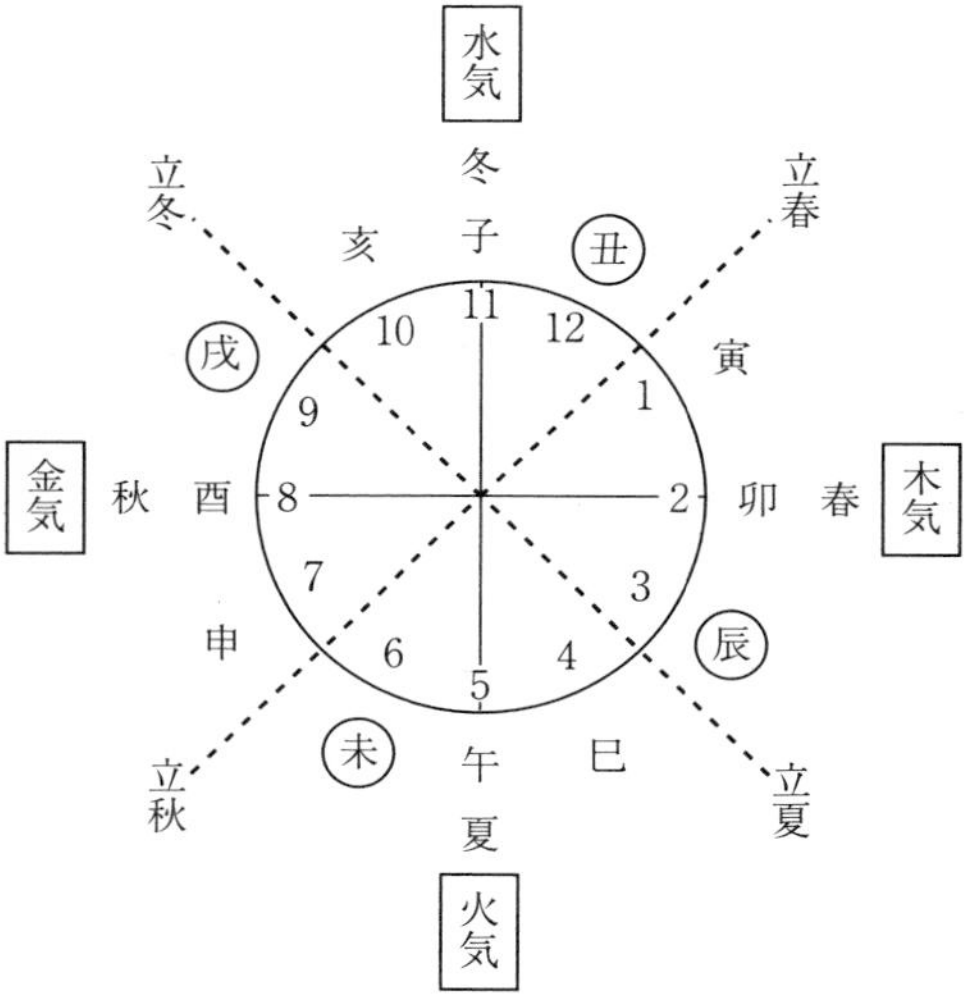

第4図　（アラビア数字は旧暦の月を示す）

上掲の表、及び第4図によって明白なように、四季の首《はじめ》の春は、「木気」に配当されている。それは旧暦の1・2・3月、十二支でいえば寅・卯・辰の三ケ月である。

正月の寅月は春の生気《せいき》、つまり初めであり、卯月は春分を含む春季の真盛り、旺気《おうき》である。辰月は晩春、墓気となる。

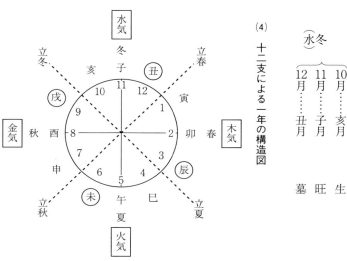

夏は当然、「火気」。火気の夏は巳・午・未の三ケ月、巳月は夏の生気、夏至を含む旧5月の午月は夏の盛りで、旺気、未月は夏の墓気である。

秋は「金気」で、申・酉・戌の三ケ月である。申月は秋の生気、秋分を含む酉月は

丑月は墓気となる。
冬は「水気」。十二支では、亥・子・丑の三ケ月。亥月は冬の生気、冬至を含む子月は旺気、丑月は墓気となる。

⑸ 土 用

五気のうち、木火金水の四気が四季に配当され、十二支が十二ケ月に割当てられている。木火土金水の中で、土気は春夏秋冬の四季節の終りの「十八日間」を占めている。その土気の配当されている期間が「土用」であって、十二支でいえば、辰・未・戌・丑の各月の中にある。四季の終りの十八日間を総計すれば七十二日、つまり春夏秋冬の各九十日から十八日ずつが、土気に割譲されている形である。

この土気の作用、即ち「土用」について、現代の人は全く無関心である。しかしこの土用こそ、中国思想の真髄を一年の経過の中に、具体的に示しているものとして私には捉えられる。

一年の推移は春夏秋冬の四季の循環によるが、その循環には一の原理がある。

●循環の原理

陰陽思想は万象を陰陽二元の対立において把握するが、万象の把握はもちろんそれだけでは不完全である。万象は対立すると同時に、循環するものでもある。例を一年にとっていえば、冬と夏、春と秋はそれぞれ相対立するものではあるが、この四者の間には次のような循環がある。陰の冬はやがて陽気発動の春となり、盛陽の夏を経て、陰の萌す秋と変じ、万物の枯死する極陰の

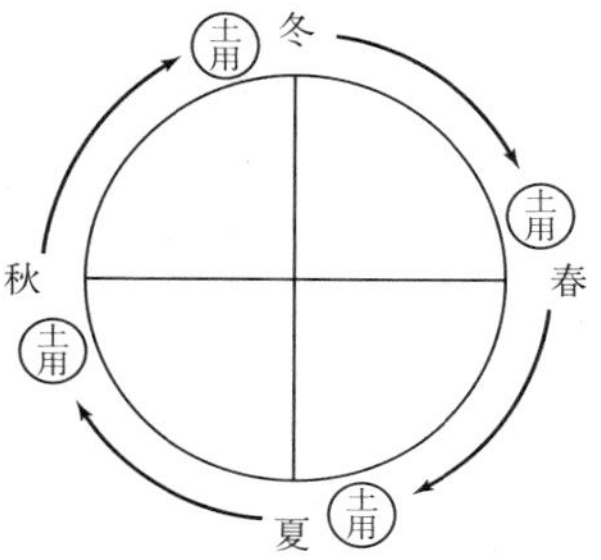

第５図

冬となる。その上、冬は唐突に春になるのではなく、春もまた直ちに夏に移るのではない。各季節の間には、そのいずれにも属さない中間の季《とき》がある。それが各季節の季《すえ》におかれた、十八日間の土用である。土用の責務はこの循環の促進であるが、何故そういうことになるのだろうか。

土気の作用の特色はその両義性にある。つまり土気は一方において万物を土に還す死滅作用と、同時に他方においては、万物を育《はぐく》みそだてる育成作用の二種の働きをもつ。そこで一年の推移においても、各季の中間におかれた土気は、過ぎ去るべき季節を殺し、来るべき季節を育成する。いわば土用の効用はこの強力な転換作用にある。死すべき季節を殺し、生れるべき季節を育む。それによって一年は順当に推移する。

一年十二ケ月に配当される十二支のうち、丑・辰・未・戌は土用を含み、それぞれに重要な意味をもつわけである。

(6)　十二支と時刻

十二支は日にも時刻にも配当され、周知のように、夜半午後十一時から翌午前一時までの二時間が「子刻《ねのこく》」、午前一時から三時までが「丑刻《うしのこく》」で、草木も眠る「丑満刻《うしみつどき》」とは、丑刻の中心時間、午前二時である。昼の午前十一時から午後一時までの二時間が「午刻《うまのこく》」であって、午前、正午、午後の日常語の中に、十二支は今日でも生きている。

(7) 十二支と方位

方位は正北を「子」、正南を「午」、正東を「卯」、正西を「酉」とする。

この東西南北を「四正《しせい》」といい、その間、つまり、東南・西南・東北・西北を「四隅《しぐう》」という。

東北の隅には「丑・寅」、東南に「辰・巳」、西南に「未・申」、西北に「戌・亥」が配されている。

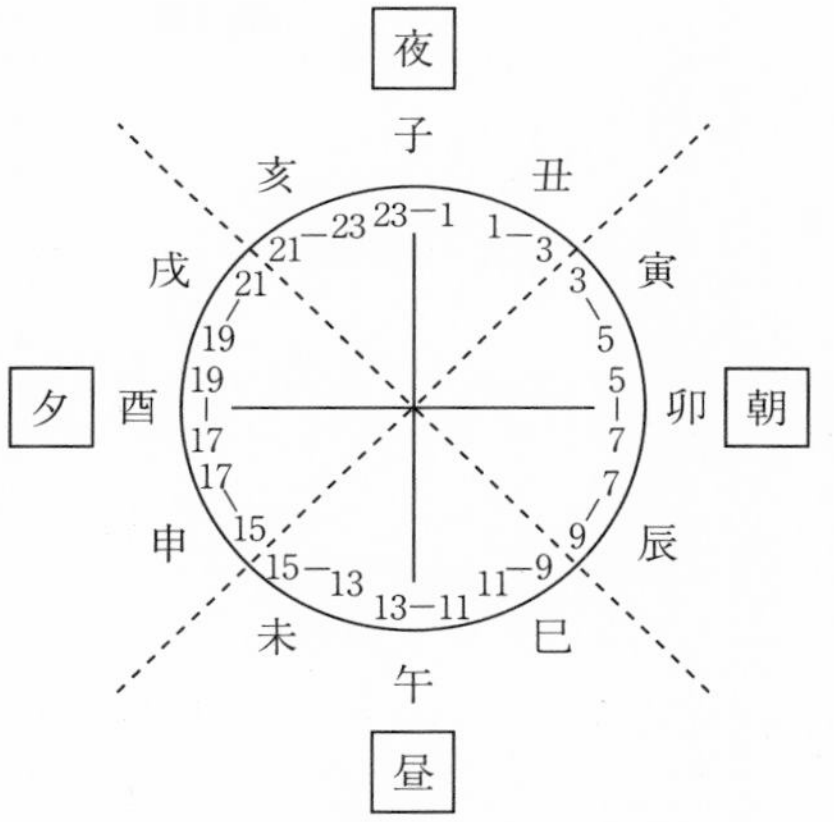

第６図　時刻の十二支

第７図　方位と十二支

(8) 十二支象意

十二支には、鼠・牛・虎・兎・龍・蛇等の十二獣が配されるが、その初見は後漢の王充の『論衡』であって本来、十二支の十二字の示す象意は、十干と大体同じく、植物の発生・繁茂・伏蔵の輪廻である。

「子《し》」は孳《ふえ》るで、新しい生命が種子の内部から萌し始める状態。
「丑《ちゅう》」は紐で、からむこと。芽が種子の内部でまだ伸びえぬ状態。
「寅《いん》」は螾《うご》くで、草木の発生する状態。
「卯《ぼう》」は茂るで、草木が地面を蔽う状態。
「辰《しん》」は振うで、陽気動き、雷がきらめき、振動し、草木が伸長する状態。
「巳《し》」は已《や》むで、万物が繁盛の極になった状態。
「午《ご》」は忤《さか》らうで、万物にはじめて衰微の傾向がおこりはじめたさま。
「未《び》」は味わうで、万物が成熟して滋味を生じたさま。
「申《しん》」は呻《うめ》くで、万物が成熟して締めつけられ、固まってゆく状態。
「酉《ゆう》」は緧《ちぢ》むで、万物が成熟に達し、むしろちぢむ状態。
「戌《じゅつ》」は滅《ほろ》ぶ、または切ることで、万物が滅びゆく状態。
「亥《がい》」は閡《とざ》るで、万物の生命力が凋落し、すでに種子の内部に生命が内蔵された様。

(9) 十干と十二支の結合

十干の「干」は「幹」、十二支の「支」は「枝」で、「幹技」を意味する。中国では古く殷の時代から、この十と十二が組み合せられ、その最小公倍数、六十の周期で日が数えられたという。

十干十二支の組合せは甲子《きのえね》にはじまって、癸亥《みずのとい》に終るが、この組合せを「六十花甲子」と呼び、生れてから六十年を経て、生年の干支を迎えるのを還暦とする。

六十の干支の組合せを一巡することは、一つの人生を生き切ったことを意味し、新たに次の人生に誕生するというわけで、赤児と同様に赤い頭巾、現代では赤いジャケツなどが祝品として贈られるのである。

還暦を祝う風習は、日本の社会に根づよく生きているが、このような点からみれば陰陽五行を捨て去った日本人も、しらない間に、なおその法則の中に息づいているわけである。

(10) 結合の法則

十干に陰陽があるように、十二支にもまた陰陽があって、陽干と陽支、陰干と陰支が結びつく。

十干　陽……甲　丙　戊　庚　壬
　　　陰……乙　丁　巳　辛　癸

十二支　陽……子　寅　辰　午　申　戌
　　　　陰……丑　卯　巳　未　酉　亥

甲子《きのえね》、乙丑《きのとうし》、丙寅《ひのえとら》、丁卯《ひのとう》、というように結合する。つまり陽干と陽支、陰干と陰支に限って結びつくので、甲丑《きのえうし》とか、乙子《きのとね》などという十干はあり得ない。

⑾　六十花甲子表

干支順位					
甲子 1	甲戌 11	甲申 21	甲午 31	甲辰 41	甲寅 51
乙丑 2	乙亥 12	乙酉 22	乙未 32	乙巳 42	乙卯 52
丙寅 3	丙子 13	丙戌 23	丙申 33	丙午 43	丙辰 53
丁卯 4	丁丑 14	丁亥 24	丁酉 34	丁未 44	丁巳 54
戊辰 5	戊寅 15	戊子 25	戊戌 35	戊申 45	戊午 55
己巳 6	己卯 16	己丑 26	己亥 36	己酉 46	己未 56
庚午 7	庚辰 17	庚寅 27	庚子 37	庚戌 47	庚申 57
辛未 8	辛巳 18	辛卯 28	辛丑 38	辛亥 48	辛酉 58
壬申 9	壬午 19	壬辰 29	壬寅 39	壬子 49	壬戌 59
癸酉 10	癸未 20	癸巳 30	癸卯 40	癸丑 50	癸亥 60

第８図　六十花甲子表

⑿　十干十二支相関図

十干十二支の相関は次の通りである（第９図参照）。

⒀　三　合

すべての生物及び事象には栄枯盛衰があるが、その原理をしめくくる言葉は「生れた。生きた。死んだ」の三語につきる。陰陽五行はこれを「生《せい》・旺《おう》・墓《ぼ》」として表現する。森羅万象は、いずれもまず始めがあって、壮《さか》んになり、そうして終る。生・旺・墓、である。

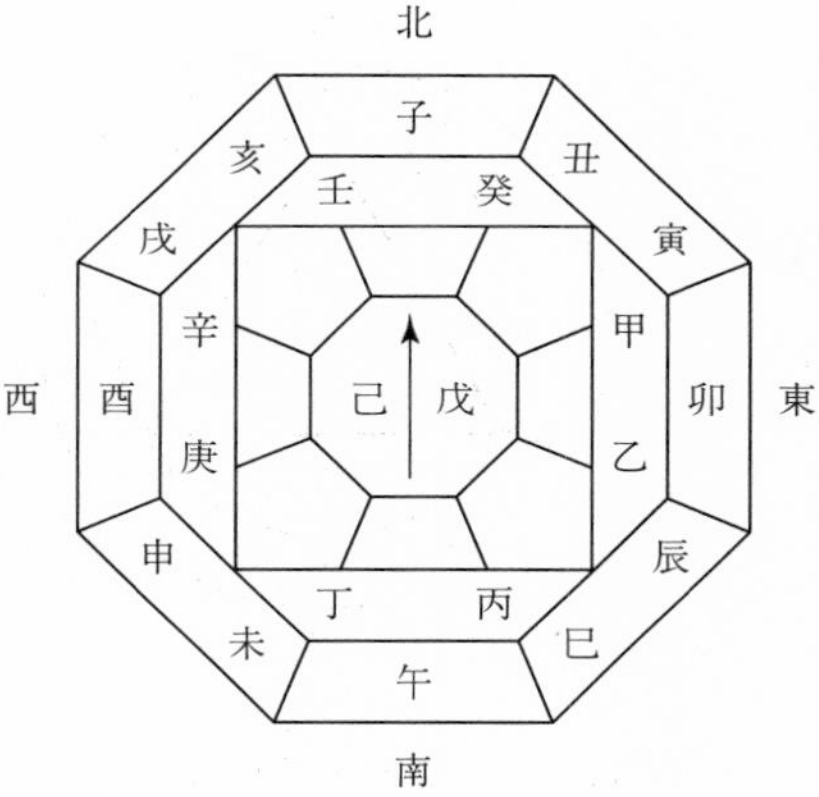

第９図　十干十二支相関図

何事も始まらねば壮んにならず、壮んになることなくして終りはなく、終りなくしては始まらない。こうして限りなく輪廻する。生・旺・墓の盛衰の原理のなかには、輪廻が潜められていて、生旺墓の三つが具備しなければ、万物は生々流転、輪廻転生を行い得ないと説くのである。

この生・旺・墓の原理を、先に春夏秋冬の季節の推移のなかにみたのであるが、この理は、更に一つの季節を超え、三つの季節に亙っても考えられている。

それが「三合の理」である。「三合の理」は万象の

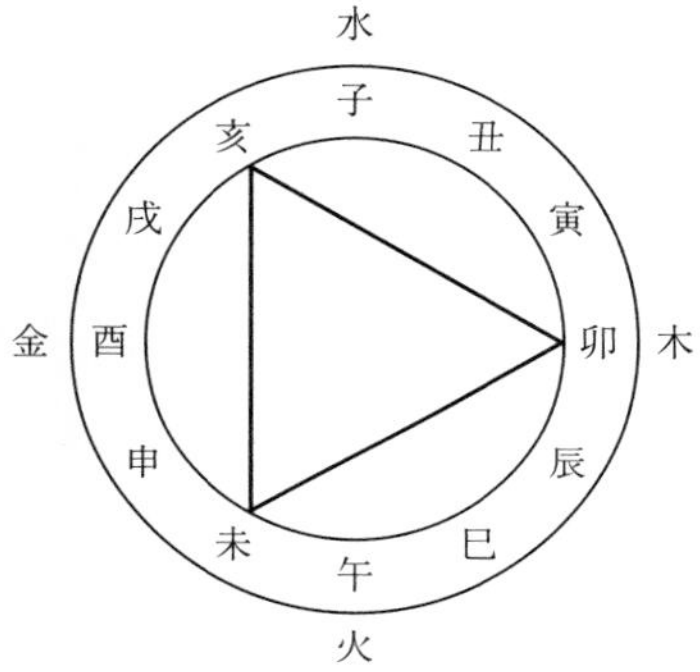

(3) 卯の三合(木気の三合)

亥…生，卯…旺，未…墓。亥・卯・未の三支はすべて木気となる

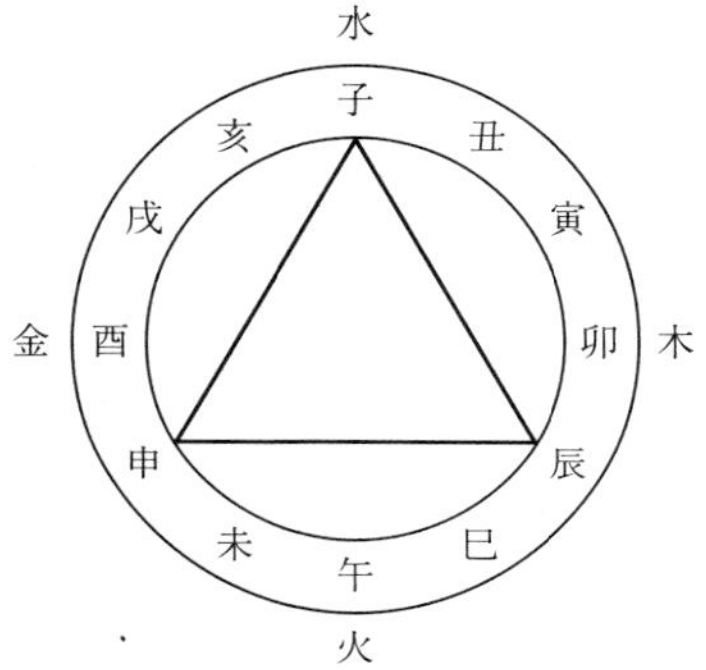

(1) 子の三合(水気の三合)

申…生，子…旺，辰…墓。申・子・辰の三支はすべて水気となる

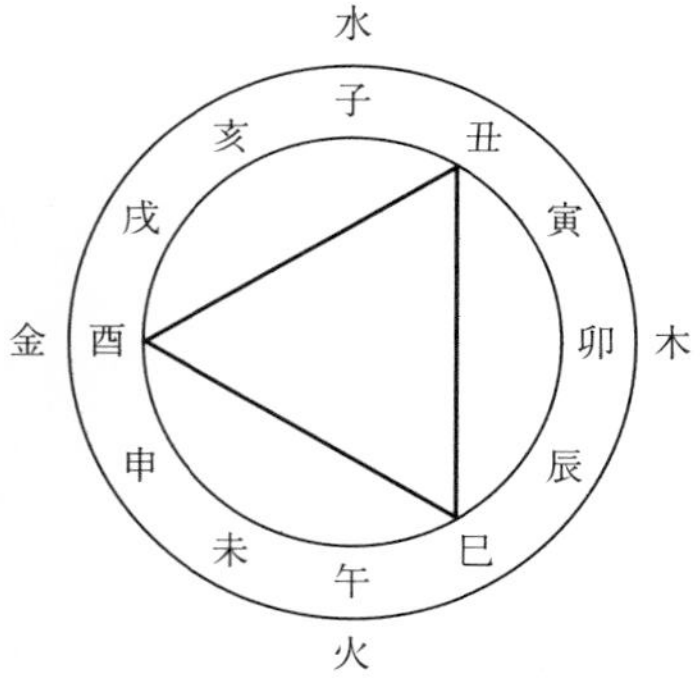

(4) 酉の三合(金気の三合)

巳…生，酉…旺，丑…墓。巳・酉・丑の三支はすべて金気となる

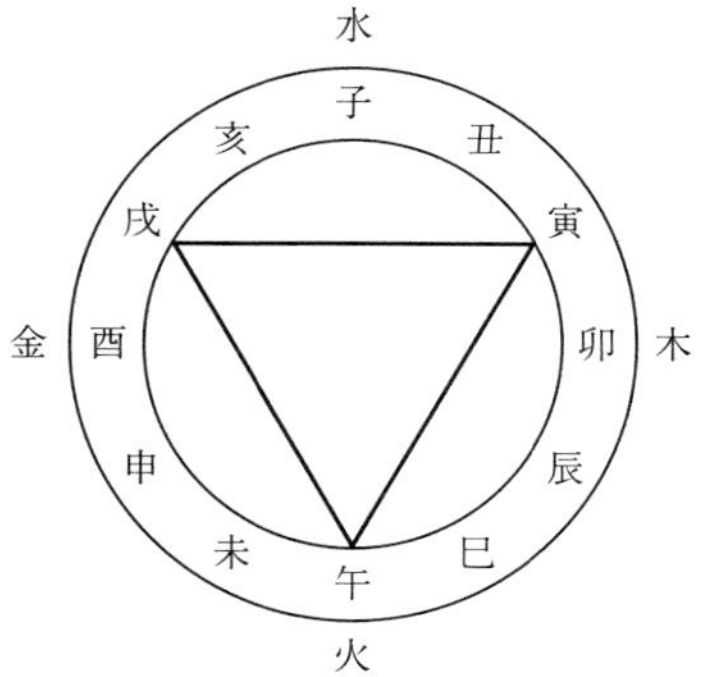

(2) 午の三合(火気の三合)

寅…生，午…旺，戌…墓。寅・午・戌の三支はすべて火気となる

第10図　三合の法則図

中に普遍的に考えられている理であるが、ここでは理解の手段として季節を例にとって考えたい。
そこで、たとえば「水気」であるが、これは季節でいえば「冬」。亥・子・丑の三ケ月であって、この場合、亥の十月を「生」、子の十一月を「旺」、丑の十二月を「墓」とすることは既述の通りである。

しかし、「三合の理」を当てはめて考えるとき、「冬」或いは「水気」は、亥・子・丑に限らない。「冬」、或いは「水」の萌《きざ》しは、既に申月（旧七月）に見え、仲冬の子月（旧十一月）に壮《さか》んになり、辰月（旧三月）に漸く終るのである。

この申・子・辰の三支は水気の生・旺・墓であって、三支は合して水気一色となる。
冬の気配は申月に既に忍びより、冬至を含む子月に至ってもっとも壮んに、辰月に至って終息する。

申月（旧七月）、辰月（旧三月）に季節外れの寒気に見舞われるのはこのためである。冬、或いは水気の三合は、申・子・辰であって、それは秋（七月）・冬（十一月）・春（三月）の三季に亙るわけである。

『淮南子』はこの三合を定義して、次のようにいう。

「水は申に生じ、子に旺んに、辰に死す。三辰（三支のこと）は皆水なり。
火は寅に生じ、午に旺んに、戌に死す。三辰は皆火なり。
木は亥に生じ、卯に旺んに、未に死す。三辰は皆木なり。
金は巳に生じ、酉に旺んに、丑に死す。三辰は皆金なり。

土は午に生じ、戌に旺んに、寅に死す。三辰は皆土なり。」

「土気」の三合は、「火気」の三合に重なり合うが、その順が違っていて、午が生、戌が旺、寅が墓である。

火気は「午」がもっとも壮んであるが、土気はそれに対して「戌」が旺気に当る。土気の勢いは「戌」旧九月に極まるのである。

(四) 九星

第11図　九星図

(1) 九星図

方位は東西南北を四つの正位とし、その間の東南・西南・西北・東北を四隅とすることは先述の通りである。

この四正四隅に中央を加えると九方位となる。

このように細分化した方位の九区画には、それぞれ色彩名が割当てられたが、それが、「九気図」あるいは「九星図」である。

その名称は、一白、二黒、三碧、四緑、五黄、六白、七赤、八白、九紫、となっている。

(2) 洛書

第12図はこれを方形にしたもので「洛書」とよばれ、神話伝説につきまとわれているが、要は「五」を中心として、縦・横・斜のどの方から数えても総和は必ず「十五」になる、所謂《いわゆる》「魔方陣」である。

太古伏羲氏のとき黄河から龍馬が出現したがその背に一から十までの数紋があり、これを図にしたのが「河図《かと》」。

禹王のとき洛水から現れた神亀の背に一から九までの数が神紋をなしていたというのが「洛書」である。

この洛書にみられる数の配置は、天地運行の順を示したものとされている。

	北	北	北	
西	六	一	八	東
西	七	五	三	東
西	二	九	四	東
	南	南	南	

第12図

	北	北	北	
西	乾	坎	艮	東
西	兌	中	震	東
西	坤	離	巽	東
	南	南	南	

第13図

(3) 九星と八卦

この九星図には『易』の八卦が配当されるが、その場合の各宮の名称が第13図である。

第14図は方位・九星・易・五行綜合図である。

(4) 九星象意

● 一白水星《いっぱく》——北（子《ね》）坎宮《かんきゅう》

方位	九星	易	五行
北	一白	坎宮《かんきゅう》	水
西南	二黒	坤《こん》宮	土
東	三碧	震《しん》宮	木
東南	四緑	巽《そん》宮	木
中央	五黄	中宮	土
西北	六白	乾《けん》宮	金
西	七赤	兌《だ》宮	金
東北	八白	艮《ごん》宮	土
南	九紫	離《り》宮	火

第14図

時……夜。午後十一時から翌日の午前一時迄。子刻《ねのこく》。
　日の了《おわり》と、日の一《はじめ》、了と一を併せて「子」の字が出来るという。子は新旧の交り、陰陽の交りをあらわす。

月……子月《ねのつき》。旧十一月。冬至をふくむ。

季……冬。

象意……胎・孔・孤独・悩・盲・連結・衰・中男、等。

北一白坎宮は、天帝「太一」（宇宙の中心としての北極星の神霊化）の最初の在泊方位で、「太一」は四正四隅の八方位と中央を併せた九方位を、一年に一方位ずつ巡行し、九年で一巡するとされている。

一九八三年（昭和五十八年）八白中宮の年は、太一の在泊方位は西である。

以下、二黒から九紫まで、いずれの星も各自が象徴する時間・空間・意味をもつが、詳細は略し、概要を記すに止める。

●二黒土星――西南（未申《ひつじさる》）坤《こん》宮

象意……乾の天に対する地。方形・母・妻・柔順・粉　等。

●三碧木星――東（卯《う》）震宮《しんきゅう》

象意……震・雷・顕現・発展・長男　等。
●四緑木星――東南（辰巳《たつみ》）巽宮《そんきゆう》
象意……世間・往来・信用・風・到進・蛇・長女　等。
●五黄土星――中央　中宮《ちゆうきゆう》
方位……中央・四正四隅の八方を司る。
象意……万物を土に帰す。腐敗・潰滅・葬・死屍　等。
●六白金星――西北（戌亥《いぬい》）乾宮《けんきゆう》
象意……乾は天である。剛・大始・主人上長・動・施与後援・山岳・円・交通機関・種子果実・過分・父　等。
●七赤金星――西　（酉《とり》）兌宮《だきゆう》
象意……金属・悦・食・財宝・礼・少女　等。
●八白土星――東北（丑寅《うしとら》）艮宮《ごんきゆう》
象意……改革変化。関節継目・止・貯蓄・少男　等。
●九紫火星――南　（午《うま》）離宮《りきゆう》
象意……高貴・頭脳・名誉・麗・表・公難・争・中女　等。

陰陽二元は、これを方位に配当し、陰を北、陽を南とすれば、その間に東と西があり、陰陽の二分割は四分割となる。さらにその四方位の間に、四隅、つまり東北・東南・西南・西北をおけば八分割となる。こうして八分割によって得られた八方位に、中央をふくめて九方位とし、その各方位には数と色、其他が配当されて「九星」となり、『易』と結合して九星は既述のようにそれぞれの象意、理論をもつことになるのである。

㈤ 易

以上が陰陽五行思想の概要であるが、この陰陽五行の基をなすものは、「易」の陰陽思想である。宇宙万象の在り方、変転について、より詳細且つ具体的に説明するために長年月に亙って多くの人の手によって開発・展開されて行ったものが陰陽五行なのである。最後になったが、この大元の易について極めて簡単ながらその概要を記す。

(1) 易の成立

易は中国古代の聖王、伏羲《ふくぎ》が天地の理を察して八卦《はっか》を画し、後に周の文王がこれを重ねて六十四卦に大成したと伝えられている。

八卦とは乾《けん》・兌《だ》・離《り》・震《しん》・巽《そん》・坎《かん》・艮《ごん》・坤《こん》であり、平易にいえば、天《てん》・沢《たく》・火《か》・雷《らい》・風《ふう》・水《すい》・山《さん》・地《ち》のことで、これらは一見してわかるように多くの自然現象のなかでも際立っているものである。

この組合せによって吉凶を占ったので、要するに易は、古代中国の占いの書であるが、その背後にあるものは、実は深遠な宇宙の原理であって、易は東洋の文化・学問の源とされる。

(2) 易の六義

易は「六義《りくぎ》にて成る」というが、その六義とは、変《へん》・不変《ふへん》・簡《かん》・象《しょう》・数《すう》・理《り》の六つを指す。このうち、変・不変・簡は規則であり、象・数・理は、いわば宇宙原理を認識するための方法である。

変・不変を自然現象にあてはめ、例を四季の移ろいにとって考えてみれば、春・夏・秋・冬の四季の推移は不変の規則であるが、同時に年毎に同じ春ではなく、同じ夏でもなくその内容は変化している。人間もまた自身としては不変ではあるが、その内容は、幼・少・壮・老年と変化しているのである。

しかもなお、この変・不変の規則にみられるように、宇宙の原理は至って簡単で、自明の理でさえある。

以上が易の変・不変・簡の三規則であるが、次の象・数・理とはどういうものか。

森羅万象という言葉の通り、この宇宙間は無数の自然現象でみたされている。それらの大自然の現象には、天地、寒暑、上下、男女など、相対的原理が内在している。

しかも相対的でありながら、それらは互いに合して、その結果、新たなものを生じるのである。易はこの象を数に還元して思考し、それによって宇宙における統一的の理を求めて行く。この象・数・理の方法の発見者が原始の聖王、伏羲《ふくぎ》とされているわけである。

(3) 太極と陰陽二元

伏羲はこの相対的な象を、陽、⚊と、陰、⚋の記号で捉えたが、この陰陽二元以前に存在する原初唯一絶対の存在を、太極、すなわち一個の原子○としたのである。

この太極から派生した陰陽二元は、相対的存在であって、そのもの自体に万物を発生する力はない。ただ陰陽が合するとき、はじめて生成が可能になる。

つまり万物の発生の端緒は、陰陽二元の交合にあり、また宇宙間の万物は一瞬の間も活動を停止せず、千変万化する。その変化は複雑多岐にわたっても、そのなかに一定の秩序があってそれをはみ出すものではない。

この原理は陰陽の二個の記号を用いて作図することにより、容易に説明することができる。

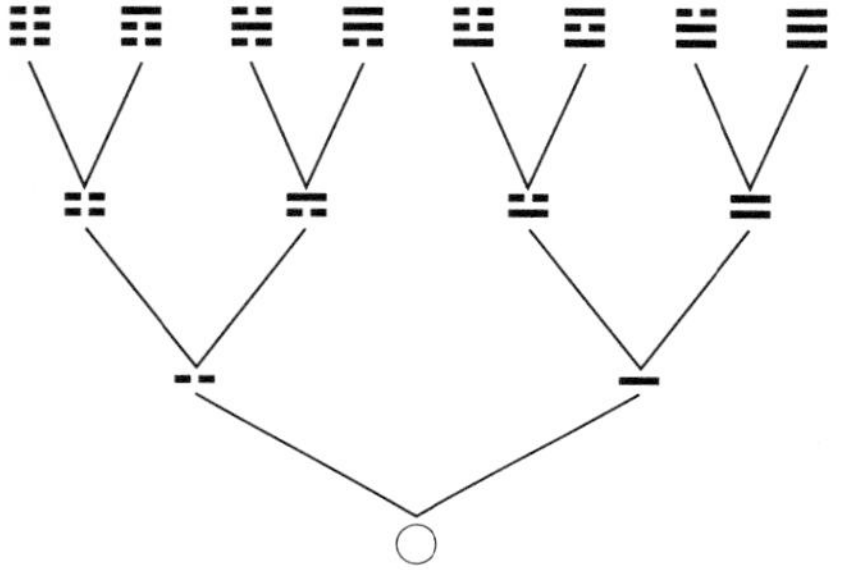

第15図　八卦図

(4) 八卦図

この図は下から上へ積み重ねて行くもので、○は太極で、太極から一陽一陰が派生し、陽の方向に二陰が発生する。この二個の陽陰を発する方向に更に一陽一陰を加えると四個の符号ができ、この四個の符号はそれぞれ二個の同様の符号を発生し、その上方に一陽一陰を加えると、ここに八個の符号ができる。

つまり太極が分れて一陽一陰の二となり、この二を二倍して四、四を二倍して八、三画《さんかく》の卦が八個できるが、これを八卦《はっか》、あるいは小成卦《しょうせいのか》といい、この三画の卦によってはじめて象を生じる。その状況は次の通り。

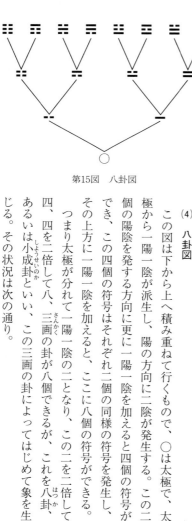

☰	天	乾《けん》	男、動、剛	父
☱	沢	兌《だ》	喜、悦、潤	少女
☲	火	離《り》	明、炎	中女
☳	雷	震《しん》	震動、動作	長男
☴	風	巽《そん》	空気、潜入	長女
☵	水	坎《かん》	陥没、険阻	中男
☶	山	艮《ごん》	止、不動	少男
☷	地	坤《こん》	女、静、柔	母

第16図

以上が八卦によって象徴されるものである。

(5) 六十四卦

小成卦は三画で、これだけで宇宙の複雑な理を表現することはむずかしい。そこで三画を重ねて六画とし、八八、六十四で六十四卦の大成卦《たいせいのか》の完成となった。

たとえば小成卦の☷は、坤《こん》、つまり地であるが、ここに同じく小成卦の☰、乾《けん》、すなわち天を合すると、六十四卦のうちの一つ、䷊、「地天泰《ちてんたい》」の卦となる。この卦は下にあるべき地が上に、上にあるべき天が下に在って、陰陽和合の象、「泰」ということになる。

(6) 象と数

宇宙間には万物の象がある。その象には見えるもの、見えないものがあり、音、匂い、味などは見えないものであるが、見えないものでさえそれらを五種の音、五種の味というように、数に分ければ、その本質はより一層明らかになる。方位、即ち「空間」も八方位、或いは中央を加えて九方位としてとらえるとき、その本質はよりはっきりと捉えられるのである。

「時間」もまた目にみえない象であるが、それを、一年、四季、一月、などに分ければ、それは数である。目にみえない象も、数におきかえることによって観察でき、そこに含まれている様々の理を知ることができるのである。その一端は易によって捉えられた一年の時間の経過の中に示される。

(7) 消息《しょうそく》の卦

人間のくらしにとってもっとも基本的な時間は「一年」の時の推移である。

易はそれを陰陽の消長として捉える。つまり冬至を境として日脚は畳の目ほど日毎に伸びて行く。それは夏至を境に、日脚が一日一日と短くなって行くのと正に対照的である。陰の気が増し、陽の気が減ずるのが「消」、陽気が伸長してゆくのが「長」あるいは「息」である。

● 冬至から夏至の方向は、陰から陽へ、

● 夏至から冬至の方向は、陽から陰へ、

の軌《みち》である。一年は子月《ねのつき》（旧十一月）と午月《うまのつき》（旧五月）を結ぶ子午線を軸として陰陽が消長し、交替する。

「一陽来復」とは長い困苦の果に一条の光を見出したときの常套語であるが、これは冬至を含む旧十一月の卦、䷗のことであって、全陰の旧十月の後に、一陽が新しく下に萌《きざ》すことを示している。（第五章参照）

冬至を含むこの旧十一月には、十二支では最初の「子《ね》」が割当てられている。「子」は鼠であるが、「子」の意味は「孳《ふえ》る」で生命の増殖を示す。万物が枯死する旧十月、䷁「全陰」の月を経て、万象は冬至を契機に僅かずつながら、「陽」の方向に向う。旧十一月、子月とは、このような意味をもつ月なのである。

季節	十二支	月	卦	卦名	
春	寅	（一月）	䷊	泰《たい》（地天泰《ちてんたい》）	
	卯	（二月）	䷡	大壮《たいそう》（雷天大壮《らいてんたいそう》）	
	辰	（三月）	䷪	夬《かい》（澤天夬《たくてんかい》）	
夏	巳	（四月）	䷀	乾《けん》（乾為天《けんいてん》）	
	午	（五月）	䷫	姤《こう》（天風姤《てんぷうこう》）	夏至
	未	（六月）	䷠	遯《とん》（天山遯《てんざんとん》）	
秋	申	（七月）	䷋	否《ひ》（天地否《てんちひ》）	
	酉	（八月）	䷓	観《かん》（風地観《ふうちかん》）	
	戌	（九月）	䷖	剥《はく》（山地剥《さんちはく》）	
冬	亥	（十月）	䷁	坤《こん》（坤為地《こんいち》）	
	子	（十一月）	䷗	復《ふく》（地雷復《ちらいふく》）	冬至
	丑	（十二月）	䷒	臨《りん》（地澤臨《ちたくりん》）	

第17図　一月は旧暦の一月。以下すべて同じ。

この一年の推移の状況を、十二支によって説明しなおせば、増殖する陽の気、あるいは生命力は、子《ね》・丑《うし》・寅《とら》・卯《う》・辰《たつ》・巳《み》と推移して「巳《み》」に極まり、夏至を含む旧五月、午月を境に、万物は衰微の方向をとり、未《ひつじ》・申《さる》・酉《とり》・戌《いぬ》・亥《い》と推移して、旧十月、亥月《いのつき》に陰の気は極まるわけである。（第17図、第18図参照）

子月、午月を結ぶ「子午線」は一年の陰陽を分ける軸の中でも最重要の軸である。中枢を占めるこの子午軸は取分け重視され、天皇即位の践祚大嘗祭、

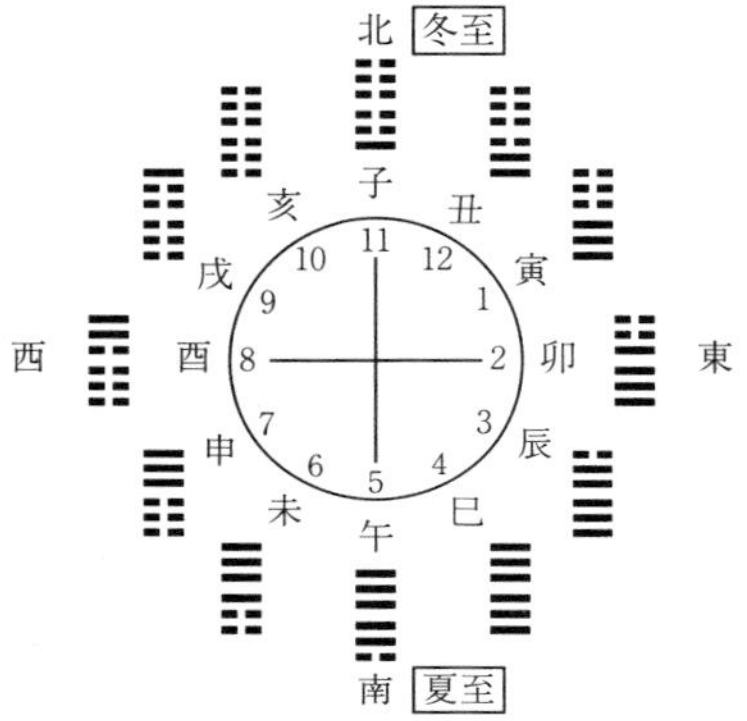

第18図　アラビア数字は旧暦の月を示す。

年毎の新嘗祭はこの軸上の祭りである。（第18図参照）つまり大嘗祭、新嘗祭は、子月中卯日《ねのつきなかうのひ》に始まり、四日後の午日《うまのひ》に終る。

大嘗祭は新天皇の誕生を祝い、天皇命の更新・新生を促す祭り。新嘗祭は穀霊の新陳代謝の祭りである。これら重要な国家祭祀が千年以上もこの子から午への陽の軌上で執り行われて来たのである。

中国古代哲学における時間をはじめ、一切の万象には、陰陽の二元が内在し、その量は刻々に変化し、分化する。その二気は元来、太極から派生した大元の陽気・陰気の分派であって、宇宙間の万物に分ち与えられているものなのである。

古代日本人は、この認識の上にたって陰陽の量、その方向をはかり、祭りを組み立てて来た。『易』の消息卦に基づいて一年は四季・十二ケ月・二十四節気・七十二候と細分化されるから、「消息卦は中国暦法の基礎」といえるのである。第五章は、この消息卦と日本民俗の関係の考察であるが、そのほか本書の随処に消息卦、及び八卦の日本民俗に及ぼしている影響については、触れたつもりである。

なお、(6)に記した『易』における象と数の関係は、非常に重大で、景嘉先生が見出された『易』の心髄であり、先生が常に説いてやまれないところのものである。

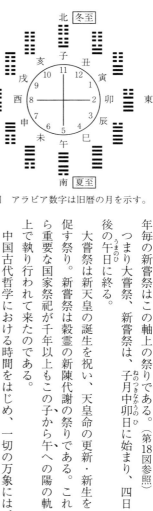

第二章　陰陽五行と迎春呪術

はじめに

日本人にとって最も大切な年中行事は、年の始めとしての正月を祝い、同時に春を迎えることであった。

しかし現在では正月といえば、それは年の始めということだけなのではなかろうか。新春とは名ばかり、正月は冬のさ中である。要するに同じ正月とはいっても、正月が寅月《とらのつき》であった「太陰太陽暦」の旧暦の正月とは、その時期もずれ、「寅」の意義も持たない正月なのである。

立春と正月が接近していた旧暦の頃に較べ、現在はその間に一カ月以上のズレがある。これを現代風にいえば、正に正月の構造的変化である。

日本の民俗はすべて旧暦によっている。したがって旧暦の構造による民俗の把握なしにその理解は困難であり、正月行事もその例外ではない。

第一章で扱ったように、木気の春は、寅・卯・辰の三カ月、正月はその寅月であるから、旧暦の正月は、年初であると同時に、春の初、木気の始めである。

また、三合の理によるときは、火の三合、寅・午・戌の生・旺・墓における「生」であるから、火の始めでもある。

年始の正月は「寅」。その寅の中にあるものは「木気の始め」、「火気の始め」であって、正月とはこのように複雑な顔をもつものであった。この「寅」の意義を生かすために昔の日本人はあらゆる努力をしたが、それが迎春呪術である。

そこで日本の正月、あるいは迎春行事は、祖先神を迎えての子孫繁栄、家運安泰の祈求、ということと、陰陽五行による迎春呪術（表面は大抵、神事となっているが、裏に潜むものは呪術である）の二種に大別される。

祖先神を迎える正月行事については既著『蛇』その他で触れているので、くり返さない。本章で問題にするのは陰陽五行に関わる迎春呪術なので、問題をこの点にしぼって考察したいと思う。

陰陽五行によるときは、正月は「寅」であるから、そこに当然、寅の内包する多様な意義の表出としての、多様な迎春呪術が生れてくるわけである。

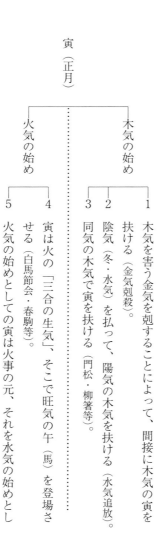

第一節　迎春呪術分類表

寅（正月）

- 木気の始め
  - 1　木気を害う金気を剋することによって、間接に木気の寅を扶ける（金気剋殺）。
  - 2　陰気（冬・水気）を払って、陽気の木気を扶ける（水気追放）。
  - 3　同気の木気で寅を扶ける（門松・柳箸等）。
- 火気の始め
  - 4　寅は火の「三合の生気」、そこで旺気の午（馬）を登場させる（白馬節会・春駒等）。
  - 5　火気の始めとしての寅は火事の元、それを水気の始めとしての申（猿）で止める（厩屋の猿・正月の猿廻し等）。

迎春呪術分類は、まず「寅月」の本性に基づいてなされるべきである。

「寅月」の本質は「木気の始」「火気の始」の二つである。呪術はこの二つの本質に従って、当然、幾種類かに分れている。ここにはそれを仮に五種としたが、実は「易」の消息卦における寅月の考察も含めなくてはならない。しかしそれでは余りにも複雑になるので、それについては第五章において後述することにした。

複雑といえば右に挙げた五種の呪術のすべてをこの章に並べて考察することも事柄をややこしくするので、この章では「木気の始」としての寅月の迎春呪術、その中でも古代中国の迎春呪術の応用とみられる前掲図表の1、金気剋殺、2、水気追放、の二つに限り、3については第四章の「正月と盆」で扱い、4は同じく第四章の「陰陽五行と馬（午）」、5は第三章の「防火呪術」において考察する。

第二節　古代中国人の四季推移に対する意識

陰陽五行による迎春呪術の創始は、この原理を発明した中国人である。日本人は応用の才において卓越してはいるが、原理の発明は苦手であり、その原理の実践応用においても、その最初は中国人である。

迎春呪術は『禮記』月令に見出されるが、この呪術の背後にあるものは、古代中国人による「一年の構造的把握」であり、これを基に展開するものは、四季の順当な推移に対する熱い祈りと、その達成への不屈の努力である。

それはどういうものか、文献によってみる必要があろう。

『禮記』月令は、古代中国における一年十二ケ月の星座、気候と、その月々に行うべき行事の記録である。為政者がもっとも心を配るべきものは、中国思想によれば天象と、四季の調和、その順当な循環、ひいては年穀の実りである。

そこで「月令」の記述によれば立春の時、天子は青衣を着け、青玉を佩び、百官を従えて親《みずか》ら東郊に赴き、春を迎えた。同様に立夏となれば赤衣をまとい、南郊に夏を迎え、立秋には白衣をもって西郊に秋を、立冬には黒色の衣を着けて北郊に冬を迎えたのである。

四季の推移にかかわる天子のこの行為は、季節の推移を形をもって表わしたもので、いわば時間の具象化である。何故このようなことが、もっとも重要な行事とされたのか。それらの行事は自然の規則正しい運行を人為的に促すための呪術だったと思われる。同時にそれは四季の変化によって象徴される森羅万象の輪廻・転生の永遠の相を、天子親らにも、天下の人々にも、はっきり悟らせるための手段ではなかったろうか。

さらに『禮記』のこの記述は、中国人の思考について重要な点を示唆している。

立春には東郊に春を迎え、
立夏には南郊に夏を、
立秋には西郊に秋を、
立冬には北郊に冬を迎える、

ということは時間・空間が相即不離のものとして捉えられていることを示す。次にそこにはまた「色」が配され、春には青、夏には赤、土用には黄、秋には白、冬には黒が宛てられている。それは、相即不離であるのは時間・空間ばかりではなく、「色彩」までが、ある法則の中に組入れられていて季節という時間、方位という空間とこれまた相即不離、不可分となっていることを示す。そのある法則とは、要するに「五行」であって、木火土金水の五原素に万象は分析され、配当され、その行《ぎょう》、動きに統合されるのである。春、夏、土用、秋、冬の各季には、それに適った方位・色・十二支獣があり、また徳目があり、行為がある。生活万般に亘って、その季にあった行為をすること、それが順当な五行循環を促す。その季に適った行為、生活をすべきことを『禮記』月令は徹頭徹尾、説くのである。

この思考は、次の段階に進むと、すべてその時宜に適《あ》わないものを撃攘する、あるいはその季を害《そこな》うものを撃《う》つ、そうして円滑な季節の循環を達成させる、というわば積極的な実践行動にまで発展する。そのもっとも代表的な例が「犬の磔《はりつけ》」と思われる。本節ではこの例を取上げ、日本の民俗行事の上に、この中国思考が、いかに大きな影響をもっているか、その様相を考察したいと思う。

㈠　金気剋殺としての犬の磔《はりつけ》

『禮記』月令季春三月の条に、

「国に命じて九門に難《はら》い、磔攘《たくじょう》して以て春気を畢《お》う。」

とあり、また季冬十二月の項には、

「季冬の月、日は婺女《ぶじょ》にあり、昏《くれ》に婁《ろう》中し、旦に氐《てい》中す。其の日は、壬癸、其帝は顓頊《せんぎょく》、其の神は玄冥《げんめい》、其の蟲《ちゅう》は介《かい》……。有司に命じて大いに難《だ》し、旁《あまね》く磔《は》り、土牛《どぎゅう》を出《つく》り、以て寒気を送る。」

と見えている。

同じ箇処を『唐月令注』にみると、次のようにその各項は注されている。まず三月の条（筆者注、この月はいずれも旧暦である）。

「是月也。命国儺二九門一、磔攘以畢二春気一。洪範伝曰。言レ之不レ従則有二犬禍一。犬属レ金也。故磔二之於九門一所以抑レ金扶レ木畢二成春功一。東方三門不レ磔。春位不レ殺。且盛徳所レ在。無レ所レ攘。」

同八月の条。

「是月也。天子乃儺。以達二秋気一。此儺儺二陽気一。恐二傷暑至レ此不レ衰、害亦将レ及レ人。故儺以通二秋気一、方欲レ助レ秋。故不レ磔レ犬。」

同十二月の条。

「命二有司一大磔。労磔以送二寒気一、磔謂磔二犬於門一。春磔二九門一冬禮大。故偏磔二於十二門一、所以扶レ陽抑レ陰之義。犬属レ金。冬盡春興。春為レ木。故殺レ金以助二木気一、」

〈口語訳〉「三月には都城十二門の中、九つの門に犬を磔にして春気を送るのである。このようにしないと犬の禍がある。犬は金畜《きんちく》であるから、この犬を九門に磔にするのは、「金剋木《きんこくもく》」の相剋の理によって、金気を抑えて木気を扶《たす》け、木気である春の功を遂げさせ、三月という春の終りに当って、春を全うさせ、春を送るのである。

東・卯の方位は木気であるが、この卯を中心とする寅・卯・辰の三門は、春の盛徳を象徴する門であるから、この三門には犬を磔にしたりはしない。

八月には天子は大いに攘《はら》いをして、秋気を達成させる。この時、攘うのは陽気を攘うのである。つまり酷暑が残っていて、人にその害を及ぼすのを避けるのである。この攘いは、どこまでも秋気を助長するためのものであって、秋気は金気だから、金気の象徴である犬を殺したり磔にしたりはしない。

十二月は大いに磔けて寒気を送り出す。この磔は、犬を都城の門に磔にすることである。春の時は九門に磔にしたが、冬期には十二門すべてに磔ける。それは陽を扶け、陰を抑えるためである。というのは犬は金畜で、犬を殺すことは金気を殺すことであり、この方法によって冬は十二月に尽き、木気の春を新しく盛に興すことができるわけである。」

以上が「月令」における犬の磔に関わる記事であるが、これら春冬の行事をみると、先述のように古代中国は抽象より具象、観念的であるよりは実践を重んじた国であることが判る。

四季循環の現象も、まず五行の輪廻として捉え（それがすでに一種の具象化であるが）、木火土金水の各気は、また具象化されて金気なら犬、水気は猪（亥）、火気は羊（未）というようにして捉えるのである。そうして『唐月令注』にみられるように、金気の精、犬を磔にし、あるいは殺すことによって木気の春を壮んにし、あるいは冬を送って春を迎える手段としている。

(二) 犬の磔の日本における受入れ方

抽象から具象へ、観念から実践へのこの道筋は、同じような傾向を持つ日本民族によってよく受け入れられた。しかしその一方、日本民族には中国人と非常に違った面がある。それは建築でいえば、石造より木に好尚があり、余りに仰々しいこと、あるいは大げさなものより洗練された小ぶりを好むということにも表わされている。都城の門に犬を磔けたりすることも中国だからこそできることで、都市に石の城壁を持たない国に、犬の磔など到底あり得ない。また犬を磔けたりするような感覚も、日本人にはなかったのである。しかしこのような感覚の相違はあったにしても、日本に輸入された中国の思想・文物制度は日本を洪水のように浸した。犬の磔の如きもその例外ではなく、多分に模倣されたであろうが、その感覚の相違から、そっくりそのままではなく、その原理はとり入れられながら日本化して年中行事化され、日本各地で形にかえて伝承されてきたと思われる。中国古代の年中行事であった犬の磔の日本版、それは実に種々雑多な形で日本の歳時習俗となっていると推測される。

第三節　日本における金気剋殺の種々相

(一)　餅　犬

正月に餅で小さな犬の形を拵え、これを窓の外や、戸口に飾る風習が東北地方をはじめ各地にみられる。これは正に中国の犬の磔の日本版であって、スケールにおいて天地の差こそあれ、古代中国の迎春呪術の直系と思われるのである。

「イヌコモチ。秋田県雄勝郡湯沢町で、正月十二日に小正月の支度の市が立ち、その中に混って餅で拵えた犬を売る店が出る。人々は必ずこれを買う。」（『綜合日本民俗語彙』巻一）

「モチイヌ。餅犬。秋田県南部の諸郡で正月十五日よる、餅で小さな犬をつくり、これを戸口や窓口におく行事。現在は町に出て、店から買っている。目的は盗難よけで、賊が入ろうとするとこの犬が吠えるという。」（「横手郷土史」）

「インノコト。福井県敦賀郡白木村の正月七日の行事で、子供が組の宿に集まる。以前は宿で的射《まとい》があったので、弓ノコトともいわれた。ユミノオトウということは和歌山県でもいってい

る。福井県の一部では三月一日がインノコトである。」（同上書巻一）

「イヌノコツイタチ。新潟県の中部地方では、二月一日を古くから犬の子朔日と呼んでいた（越後風俗誌）。刈羽郡には今でもこの日にインノコトという団子をつくり、戸の桟に飾る村がある。秋田県の南部各郡の十五日のモチイヌと同じに、もとは犬の子の形を主としたからの名であろうが、現在は十二支その他のいろいろのものをつくり、十五日の涅槃《ねはん》の日までおいて、子供に撒《ま》いてあたえる（高志路一―九）。釈迦如来の供をさせるともいって、猫と鼠とだけはつくらぬというのは、この二つの獣が争いをして臨終に間に合わなかったという昔話を附会しているのである。」（同上書巻一）

●考　察

「餅犬」に共通するのは、それらがいずれも正月とか節分の行事ということで、当然これは迎春呪術と推測される。

それらの犬がおかれるのも、窓辺、戸口など、家屋の外に関係する場処である。そこでこれは、その時と処において、中国の犬の磔の呪術と一致する。

更に注目すべきは福井県の「インノコト」である。詳細は判らないが、「的射《まとい》」が付属している。恐らく「犬のこと」という以上、これは犬を的にして射る、つまり犬を殺しているわけで、そうならばこの行事の本質は全く中国のそれに等しい。

引用の資料にはこのような例が各地に求められることが示唆されていて中国の迎春呪術の影響

の深さが推測されるのである。

この犬をつくるのに餅が使われるのは、正月という時節と、扱い易さということもあろうが、餅の白色が金気を象徴するためと思われる。

(二) 鳥追い

中国の「犬の磔」の日本版、あるいは直系として「餅犬」を取り上げたが、金気に属するものは、十二支のなかで犬(戌)のほか、猿(申)、鳥(酉)がいる。

ことに「酉」は、金気の正位、旺気である。この金気の酉、即ち鳥を追うこと、攘《はら》うこと、殺すことは、犬におけるそれらと全く同じ理で、金気を叩き、木気を扶《たす》ける迎春呪術となるわけである。

そこで正月行事の一つ、「鳥追い」を考察する。

「トリオイ。鳥追を今でも小正月の正式行事とする農家は、東北地方に若干の例を存するのみで、それも多くは少年の所管に帰しているが、この日の唱えごとには全国的に共通したところがあり、痕跡としての一致はもっとも著しい。かつては新年の祝の日に追うておかぬと安心しておられぬほどの鳥の害が、どこの田舎にもあったことが想像される。鳥追いに追われる鳥の種類も、土地によって違っていた。「頭切って尾を切って、俵につめて海に流す」などと歌ったのは秋の刈入れ前に群れてくる雀類であろうが、武蔵の杉山神社の田遊び歌では、ことに苗代を踏み荒す鷺と烏とを憎み、寒い東北では鴨類が春の帰りがけに田畠に下りて食い散らすことを気にしていたようである。いずれにしても鳥追唄の朗《ほが》らかさは、今ではむしろ少年の久しい冬籠りに倦《う》んでいたものが、外に出て新年を歓呼する声のように聴きなされるが鳥追いの期日は或は八月の朔日、稲の穂のようやく孕《はら》もうとするときに行われる例もあって、以前の目的はもう少し実際に近かった。静岡県富士郡には、節分を鳥追という村がある。……福島県石城郡豊多村の鳥追は、十三歳の少女が、十二・三・四の三日間、朝晩水を浴びて身を浄め、三人が踊り、他のものは羽子板を打って調子をとる……後略。」（『綜合日本民俗語彙』巻三）

「トリゴヤ。鳥小屋という名称は茨城・栃木・福島県にもひろく行われ、通例正月十四日の日暮、または十五日の未明、トリゴヤヤキといって火を焚く行事であるが、そのために小屋をかけ、鳥追の歌をうたうので、この名がある……後略。」（同上書巻三）

●考　察

日本人は予祝行事が好きである。正月行事では、雪の庭先や、神社の拝殿の床を田に見立て、そこに小笹をおいたり、榊の葉を並べたりして稲に見立てる。婚礼の際も予祝的なことがかなり露骨に行われたものである。

そこで正月の鳥追行事も、目出度い年の初めに、実りの秋の実景を心に描き、そのときの有様をいろいろの代用物を使って実演しているのかも知れない。実り豊かな秋の田から鳥を追う状景を、正月から実地にしているとすれば、それは正真正銘の予祝行事であろう。また諸家が指摘されるように、鳥・雀の害も今とは較べものにならないほどひどくて、年頭に当って鳥追いの擬《もど》きの必要性が痛感されていたことが正月の鳥追いの起源かも知れない。

しかし視点を全く変えてみると、日本固有の正月行事とみられる鳥追いも、中国の迎春呪術と同じ原理に拠っているかも知れないのである。つまり自然の推移も、一方的に天にまかせず、人間の方もある程度の責任をもち、五行の理法に従って、順当な循環を促す、という犬の磔にみられる考え方が、鳥追いの中にもあるのではないか、ということである。

静岡県の例のように、鳥追いが即ち節分である、というのは、鳥追いが迎春呪術であることをかなり濃厚に示している例ではなかろうか。

また鳥追いの対象になる鳥の種類がきまっていたこと、たとえば鷺とか鴉とか鴨などのように特定の鳥であったらしいことは、鳥追いが春迎えの呪術であることを示すのである。白の鷺は金気、鴉の黒色は冬、冬鳥の鴨もまた寒気を象徴し、それらを追うことは春を呼ぶ手段となり得るのである。

鳥追い行事の中には、「鳥小屋」のように火を伴う場合も多い。「火剋金」の理で、金気の鳥をよく殺すものは火であり、鳥の死によって、金気に剋される木気は甦《よみがえ》り、春は完全に春になる。

鳥追い唄が「頭切って尾を切って、俵につめて海に流す」などといって甚だしく残酷であり、同時に「海に流す」といって追放の意味がこめられているのも、鳥追いが迎春呪術であることを示しているように思われる。

島根県八束郡北浦の浜辺で、一月六日、トンド焼の朝、トンドの側《かたわら》に立てられた鳥の絵を的にして、これを神官が射るのを私も実見した。鳥を射るのは金気を殺すことである。

福島県石城の鳥追いは、十三歳の少女が三日間、水を浴びて身を浄め、三人が踊り、他のものは羽子板をもって調子をとるという。

陰陽五行では「少女」は、七赤金気の象徴、十二支では酉（鳥）、易の卦では「沢《たく》」である。酉を中心に申《さる》・酉《とり》・戌《いぬ》の三支は金気だから、三人の少女はその象徴であろう。水を浴びるのは浄めというより、「沢」の本質に基づく。踊りは鳥の飛ぶ様子の擬《もど》きと思われるから、踊るこの三人の少女は、羽子板をもった他の少女によって追われるのである。

地方に残る少女を主としたこのような鳥追い行事は、全国的な少女の正月遊び、「追い羽根」の原型であって、この普遍的な正月遊戯もその元をただせば、金気剋伏の呪術と思われるのである。

なお、この少女の鳥追いに対し、成女の鳥追いも江戸時代には盛んであった。

成女は『易』の卦では☲、火、中女に当る（第一章五九頁参照）。「火剋金」の相剋の理を生かすということになれば、火を象徴する成女の鳥追いの方がより一層、理にかなっているわけである。

この鳥追い行事を、八朔、つまり旧八月一日とする地方もある。八月は酉月《とりのつき》、既に実りの秋である。従ってこの場合の鳥追いは、正真正銘、田畑を荒す鳥を酉月に剋し、追い払う行事と見做され、正月のそれとは意義を異にするのである。

㈢　日光強飯式《にっこうごうはんしき》

「金気剋殺」の手段として使用されるものは、日本人にとって十二支のなかの犬や鳥に限らなかった。原理を修得すれば、その理をひろく深く多様に応用するのが日本人の国民性である。米・麦・豆など、丸く固い穀粒が、六白金気として、金気の範疇に入る以上、それらは呪術のなかに盛大に取り入れられる。

その好例がこれから記す日光の「強飯式」と、黒川能で名高い扇祭り、俗に「豆腐祭り」といわれる神事である。

餅米からつくられる白餅同様、米の飯もまた白色であるから金気として、強飯式においてしたたかに剋され、大豆からつくられる豆腐も白色の故に、金気として強飯式における白飯よりも豆腐祭りにおいてさらに手痛く剋されるのである。

(1) 日光強飯式の由来

日光山輪王寺は千二百年前、天平神護二年（七六六年）勝道上人開基。以来、鎌倉・江戸時代を通して法親王を座主に戴き、法燈は連綿として受けつがれて来た。取分け、天海大僧正によって東照宮大権現が勧請されてからは幕府の尊信が篤く、隆盛を極めた大寺である。

「強飯式」は明治以後は輪王寺三仏堂門において挙行される四月二日の行事であるが、以前は山内の滝尾神社における一月の行事であった。

(2) 日光強飯式の概要

強飯式は、一名「日光責め」ともいわれ、現行の状況は大要次の通りである。

式の概況。……法螺貝の音とともに、山伏姿の強飯僧たちが、大先達に従って、白飯を高盛にした笥《け》（飯椀）を高く捧げて入場し、これを各頂戴人らの前におく。大先達が仏前に進んで祈禱文奏上の後、復座すると同時に、強飯僧は頂戴人の前に進み、「神よりの賜物《たまわりもの》、つつしんで頂戴あろう」と口上を述べ、飯椀を高く頂く頂戴人をタタミにのめり込むほど平伏させる。

次に大先達が平伏している頂戴人の前に進み、強飯の由来を説き、更にお惣菜について「逐一申し上ぐる通りの強飯、一杯二杯にあらず七十五杯、ヅカヅカおっ取り上げて召し上げられい。殊に当山の珍物、中禅寺の木辛皮、蓼ケ湖の蓼、寂光の大根、御膳菜の唐辛子、品々の珍物を御料理として差し上げる。一入《ひとしお》御目出度く御祝いして七十五杯一粒も残さず、ヅカヅカおっ取り上げて召し上げられい。」

最後に山伏が縄でつくった鍬形の甲を台の上にのせて運んで来て、飯椀を頭上から下ろさせて、頂戴人の頭にその甲をかぶせ、「コリャ、毘沙門天の金甲、七難即滅、七福即生、諸願如意。」口上が終ると、堂内で法螺貝を吹き、山伏たちが戸障子を叩き騒ぐ。その中にコリャコリャの掛声とともに、強飯僧が「めでたう七十五杯」と大声でいい、手にした大煙草、大捻棒を頂戴人の前に投げ出して退場、式をおわる。

●考　察

現行の強飯式は四月であるが、本来は一月十二・三日、つまり正月斎行の儀式であった。そこでこれは正月新春を無事に迎えるための迎春呪術として受けとられるのである。つまりこの儀式

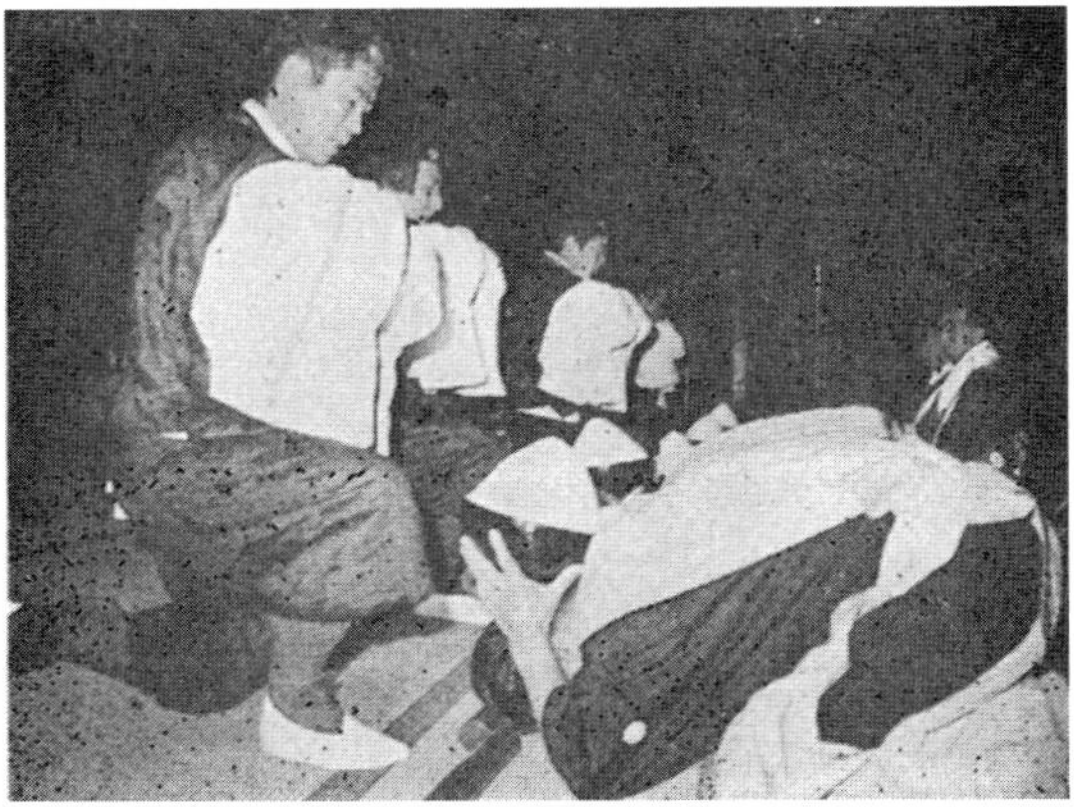

第19図　強飯式

往古より輪王寺に伝わる神秘な古式で，いわゆる「飯を強いる」珍奇な儀式であると同時に，日本修験の伝統を今に伝える秘儀である。この式は，信徒の諸願成就を祈願する柴燈護摩供の修法に引続いて行われ，一度これを頂戴するときは，七難即滅，七福即生，家運繁栄が疑いないとされ，毎年4月2日に三仏堂で執行される。

は正月の木気扶助のための金気破砕の呪術であるが、そのための儀式、および道具立ては、すべて揃っている。

まず強飯式に登場の主食は、金椀に高盛りした白飯。副食は、生大根、山椒《さんしょう》、蓼《たで》、唐辛子《とうがらし》であり、最後にかぶせられるのは金甲である。

主食の白飯、それを盛る金椀、ともに金気象徴物で、これらを頭上にして平伏すること、或いは残りなく食べてしまえ、ということはいずれも金気調伏である。

次に副食をみると、生大根、山椒、蓼、辛子、といずれも名うての香辛料である。五味のなかで金気は「辛《しん》」。

（第一章三二頁「五行配当表」参照）

主食副食ともに金気で、それらを残さず平げよ、といってさかんに強《し》いるのは、金気剋伏呪術以外の何ものでもない。

金甲という名の藁製の鉢巻も、その名の示すところは金気であって、それを冠った頂戴人たちの前に大煙管、大捻棒を投げ出して行くのも、金気を脅かす仕草であろう。

この神事の主神は、日光三社大権現、あるいは東照宮大権現、大黒天とされている。しかしこの行法《ぎょうほう》が陰陽五行の「相剋の理」の純粋な応用として受取られる以上、この「主神」とは実は四季の循環をその手中にする「宇宙の理法」ともいうべきものであろう。日光強飯式は神事に名を借りた、金気剋殺・木気迎引《げいいん》、季節の循環促進呪術、とみなされるからである。

(四) 豆腐祭り

山形県東田川郡櫛引町《くしびきまち》に伝承される「扇祭り」は、俗に「豆腐祭り」ともいわれる。この祭りは昔は正月元日から三日間（現行は二月一・二日）、頭屋に勧請《かんじょう》された巨大なご神体の扇様（王祇様ともかかれる）の前で、能を徹夜で奉納する行事である。これが「黒川能」であって、今ではむしろ、この名でひろく知られている祭りである。

「一月十八日からは上当屋、下当屋それぞれ仮小屋をつくり、神官のおはらいをうけ、シメナワをめぐらして、豆腐焼きがはじまる。昔は総勢で石臼を挽《ひ》き、豆腐をまずつくった。原料の大豆は三十俵四十俵にも達したといわれるから、これは大変な作業であった。王祇祭りが一名豆腐祭りといわれるのは、祭りのご馳走に主として豆腐が用いられるからである。今でも八俵から十俵の大豆が挽かれる。ただし製造は豆腐屋に依頼し、豆腐焼きだけを当屋の仮小屋でやる。氏子の家々から男女、子供が出動する。おからを灰がわりにした炉に、杉串にさした豆腐を炭火で焼きあげ、それを戸外の雪上にならべて凍豆腐《しみとうふ》にする。祭りの日、これらの豆腐は、牛蒡の煮しめと、田楽風に串刺にして、膳にのったり、山椒の味を出した汁の中で吸物の実になったりするのである」（真壁仁『黒川能――農民の生活と芸術』昭和四十六年、傍点引用者）

祭りに先立って当屋の邸内につくられた仮屋では大量の大豆を豆腐につくり、これを杉串に刺して炭火でやき上げる。この祭りのご馳走は殆どこの豆腐一色である。

原料の大豆は丸く固く、製品の豆腐は白色で、いずれも金気の象徴（第一章五五頁九星象意・六白金星参照）である。膨大な量の豆腐は仮屋（つまり家から外）で串刺しにして火に炙《あぶ》られ雪の上に並べられる。

白色金気の豆腐は、まず戸外に追われ、杉串を打たれ、「火剋金」の理で、火に焼かれ、挙句の果は村人によって多量に食べられてしまう。豆腐はくり返し殺されている。豆腐の味付けは山椒である。山椒の味は辛い。「辛」は五味のうちで先述の通り金気に属する。

この祭りは金気象徴の大豆を多量に挽臼《ひきうす》でひき、豆腐を串刺しにして焼き、同じく金気象徴の山椒で味付けをして村中総出で食べてしまう。要するに金気剋殺に終始しているのである。

春の木気を害う金気のものを大量に殺し、食べてしまうことは、確実に豊かな春を迎える呪術となる。

春の遅い東北の天地に一村挙って春を招ぶ人々の心がこの扇祭りには結集されているのである。

(五) 節分の豆撒き

全国的な歳時習俗、「節分の豆撒き」もまた木気を剋する金気を抑えることを目的とする迎春呪術として捉えることができる。

まず、豆撒きに用いられる大豆であるが、これは円くて固い穀類で、金気に属する（既出）。金気象徴のこの大豆は、最初、火で煎《い》りつけられ、次に「鬼は外」といって、鬼を撃《う》つことを名目にして、外に向って投げ棄てられる。更に「福は内」といって幸いにして屋内に留まり得た豆も、結局はいろいろな縁起かつぎを口実にして食べられてしまう。つまり節分の豆は、屋外にせよ、屋内にせよ、いずれにしても捨てられるか、食べられるかの差で剋される運命にあることに変りはない。

(1) 節分の鬼について

ところで節分の豆によって撃退される「鬼」であるが、鬼は『和名抄』によれば、

鬼……和名於爾《をに》或説云、隠字の音於爾《をに》の訛《なま》れる也。
鬼物は隠れて形を顕すを欲せず。故に俗呼んで隠という也。

と注されている。隠は陰で、陽・顕に対するもの、陰気の象徴である。

節分の豆によって撃退される鬼は「陰《おに》」であるから、「陽」の春を迎える節分に当って、「陰」

の鬼が退散させられるのは当然なのである。

要するに「鬼は外」の節分の豆撒きは、陰気の鬼を退散させると同時に、春を剋する金気の豆も鬼もろともに屋外に出されるという巧妙な二重構造の迎春呪術であって、これは「金気剋殺」と後述する「水気追放」を兼ねるわけである。

この場合の鬼はけっして悪鬼などという道徳律を負うものではなく、季節の循環において、当然、排除せられるべき「陰」の気の造型に過ぎない。陽気を迎える手段として却《しりぞ》けられる鬼、逐《お》い出されるところにその存在意義を有する鬼であって、悪の首魁《しゆかい》などという性質のものではない。

(2) 牛鬼

日本のこの節分の鬼もその源流は中国にある。先にも引用した『禮記』月令第六、季冬（旧十二月五日）の月の条、

「有司に命じて大いに難《だ》し、旁《あまね》く磔《は》り、土牛《どぎゆう》をつくり、以て寒気を送る」

に、拠《よ》っていると思われる。これを平易に訳すると、

「吏に命じて季冬、つまり旧十二月には都城の四つの門に悉く犬を磔《はりつ》けさせ、一方、土牛をつくり、これを外に出させて、そうして寒気、つまり冬を送る」

というのである。

旧十二月は一年の終り、冬の終りで丑月《うしのつき》。換言すれば水気・陰気の終りで、また冬の土用を含む月でもある。おそらく中国のこの「土牛」は、土用土気の丑月《うしのつき》、即ち旧十二月そのものの造型

であり、十二月の造型としての土牛を作って、これを外に出すことによって、冬を送り出す呪術としていると思われる。

日本の節分の鬼は、丑月の旧十二月を象徴する「牛鬼」であって、古代中国の「土牛」に対応するもの、中国の土牛の日本版であろう。

なお、通常、日本の鬼は額に牛の角を生やし、虎の皮の褌《ふんどし》をしめていて、これは正に鬼門とされる丑寅《うしとら》の方位の造型であるが、節分の鬼は、その寅《とら》を欠き、専ら、丑の形象化としての鬼と考えられる。

(3) 節分の煎り豆の効用（雷除け・安産の守り）

節分の煎り豆は、雷除けの呪物となり、また安産の守りともなる。

雷は木気。従って金気の豆には、「金剋木」の理で雷を調伏する力があるわけである。

一方、安産に必要なのは水。そこで金気としての節分の豆には、「金生水」の理で安産の護符としての呪力がみとめられるのである。

節分の豆が或いは雷除け、或いは安産の守りというように、全く異なる種類の呪力をもつのは、この豆が金気なればこそであって、これらの二種の呪力は、節分の豆が迎春呪術における有力な呪物であることの理由の傍証となるのである。

㈥　シモツカレ

「シモツカレ」は、栃木県を中心に、福島・茨城・埼玉・群馬など、関東本部の各県に共通する郷土食である。郷土食といっても季節があり、正月十五日というところもあるが、多くは初午に限る食物である。

その名称も、まちまちで、スミヅカリ・スムヅカリ・スミヅカレ、などといわれる。

喜多村信節の『嬉遊笑覧』巻十には詳しく紹介されているが、ここには「スミヅカリ」となっている。その大要はおよそ次の通り。

「日光参詣の途次、この地方で、わさび下ろしに似た器具を「初午おろし」とよんでいることを知った。この名前がふしぎなので、きいてみるとそれは二月初午に「スミヅカリ」という料理をつくるためのものであった。この初午おろしというのは、松材の板の上に、鋭く尖《とが》らせた竹釘を植え並べたものである。これで大根を下ろし、水で洗ってしぼり、煎った大豆を合せ、酒粕で煮、醤油で味をととのえ、稲荷に供える。この下ろし器を千葉の佐原地方では、「がりがり下ろし」という。やはり竹を鋸歯のようにし、二股の木に横に並べて、両端を釘で打ちつける。大根の下ろし具合は似たようなものという……。」　　（『嬉遊笑覧』「スミツカリ」より要約）

喜多村信節の関心は表面、「わさび下ろし」の変り種ということにあったようにもみえるが、本当のところは何故、この「シモツカレ」或いは「スミヅカリ」に限って、特殊な下ろし器が用いられたかということだったのではなかろうか。

なお、信節は、スミヅカリといっているが、この呼名が原義のように思われるので以下、「スミヅカリ」と記す。

●考　察

「スミヅカリ」は、正月の馳走の残りの鮭の骨や頭を入れるというところもあるが、いずれにしても欠かせない素材は、煎った大豆と、下ろし大根、の二種である。その煎り豆も節分の豆撒きの残りに限る、という地方もある。

ところで大根は大の字を冠し、色は白、下ろし大根は際立って辛いものである。

大豆にも「大」字があり、円く堅く穀類である。

この二種の特徴を合せれば、大・白・辛・円・堅・穀類等であって、金気の象徴はすべて揃うのである。

「スミヅカリ」では、これらの金気象徴の大豆・大根のいずれもが手ひどく剋されている。

大豆は火で煎られ、大根は『嬉遊笑覧』の記事にもみられるように、普通のわさび下ろしのような生易しいものではなく、竹釘の先を鋭く殺《そ》いだ特製の下ろし器で、処によって「ガリガリ下ろし」という聞くだに恐ろしい名のものですり下ろされている。

このような状況から容易に察せられるのは金気剋殺による正月、或いは新春の木気の扶助ということである。

『宇治拾遺』にもあるように煎った大豆に酢をかけて食するのは、日本古来の調理法の一つであった。つまり大豆をよく煎って、熱いうちにこれに出汁《だし》で割った酢・醤油を上からジュッとかけて一夜漬けておくと、豆が柔かくなり、翌朝は食べ頃になる。私事にわたるが第二次大戦中、我家でもこれが配給の大豆の一つの利用法であり、大切な副食の一つであった。

「スミヅカリ」の原義は恐らく「酢《す》水《み》漬《つか》り」であろう。「水漬《みずつ》く」は「水漬《みづ》く」となり、大豆を酢水漬けにするのは大豆調理法の一種だったからである。

一般的だったこの大豆調理法が、恐らく日光修験などによって、下ろし大根と合して、いつか迎春呪術の一つに昇格された結果、正月行事となり、更に二月初午に習合して稲荷への供物になったと推理されるのである。

第四節　日本における水気追放の種々相

餅犬、鳥追い、豆腐祭り、強飯式、豆撒き、シモツカレにおける主役たちは、いずれも金気に属するから、これらの神事や行事はすべて金気剋殺の迎春呪術であって、先の迎春呪術分類表（本章第一節六六頁）の1に該当する。

それに対して、2の陰気（水気・冬）を払い、或いは剋殺して春を迎えようとする呪術が、「蟹の串刺し」であり、また「柊と鰯の門刺し」および「川渡り餅」である。

(一)　蟹の串刺し

「カニドシ。蟹年。蟹の年取とも。長野県の北佐久・小県・諏訪の三郡にかけて正月六日の六日年をいう。もとは新年のやや暖かい日に、子供を小川にやって沢蟹を捕えさせ、それをこの夕の年取の肴にもすれば、また萩や豆木の串に刺して戸の口に挟み流行病除けだといった。今は蟹が捕れなくなって、代りに蟹の絵をかき、或いはカニという字を書いた紙片をも挟むとい

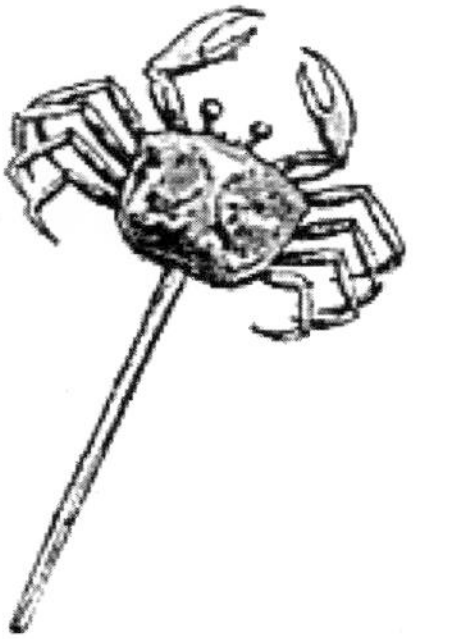

第20図　カニドシ
（長野県小縣郡塩川村。『綜合日本民俗語彙』巻一より）

う。下伊那郡では、これと同じことを節分にする。文字もカニカヤ、もしくはカニヒイラギ（蟹柊）などと書き、家の大小の入口に挿すことはトマドフサギと似ている。六日を蟹年とする所でもその蟹を炙《あぶ》り、またはカニと書いた紙を火に当てて「稲の虫も菜の虫も葉の虫も焼けろ」などと唱える（長村郷土資料）。趣旨は蟹の鋏を鬼の目突きにしたもののように思われる。」
（『綜合日本民俗語彙』巻二）

「カニウケ。和歌山県伊都郡花園村の真言宗辺照寺で、年越の夜に十六歳以下の子供がする行事。鍬の先に油をつけて火で焼き、その上に小麦粉を水で練ったものを落して焼くと蟹のような形になる。これがカニである。それに蜜柑・栗・柿・榧・こんにゃく・大根・人参・牛蒡などの順に、盆の上にのせるのをカニウケという。」
（右に同じ）

● 考　察

固い殻をかぶった甲殻類・貝類は陰陽五行の分類に従えば「介蟲」で、水気・冬を象徴するものである。（第一章三二頁「五行配当表」参照）

『蟹譜《かいふ》』（宋・傅肱撰）にも、

「蟹、以㆓其外骨㆒則《チ》曰㆓介蟲《ト》㆒」

とみえ、蟹は外側に固い殻（つまり骨）を被っているから「介蟲」である、といっている。一方、『禮記』月令季冬（十二月）の項に、

「其の（季冬）蟲は介。」

と記されているから、この二つの記述から、蟹は介蟲であり、冬十二月を象徴する水気の生物とされていたことがわかる。

冬を撃攘するには、それを象徴する生物を殺して、それを内から外へ追い出し、曝《さら》しものにすればいい。蟹は手近に得られる水気の生物であった。そこで、蟹を串刺しにして門の外に磔にしたのである。

蟹の串刺しは信州地方に多くみられる正月・立春の習俗であるが、この同じ原理によると思われるのが、同じく信州諏訪大社の正月元旦の蛙狩神事である。

(二) 諏訪神社の蛙（蝦蟇）狩神事

諏訪神社上社では、『諏訪大明神絵詞』の記述にもみられるように、正月元旦、大祝《おおほうり》以下、神職たちが行粧もさかんに、各宮参拝の後、拝殿側の御手洗川《みたらしがわ》畔の凍土を砕いて冬眠中の蛙を掘出し、これを弓矢で射て、串に刺し、神への初贄《はつにえ》として供える神事があった（なおこれは現在も行われている）。

諏訪神社の祭神は蛇神をもってきこえている。従ってこの蛙が神への供物であるとしても一向

第21図　蛙狩の神事にて射られた蛙

柳の串で蛙を突き刺す。柳は木扁に卯。卯は二月，春の正位である。従って柳は春の木気の象徴である。蛙は水気でもあり土気であって，冬十二月の象徴。冬を剋殺して春を迎える呪術が，蛙狩神事である。

ふしぎではない。

しかし、もしこの蛙狩神事が、年頭に当っての単なる祭神への初贄であるならば、こうも残酷に執拗に、小さな生物に過ぎない蛙を殺す必要はないと思われる。

古代中国では月の中には蟾蜍《せんじょ》、つまり蝦蟇《ひきがえる》が棲むと考えられていた。月は陰気の集精、北方水気の宗主である。水気は五気の中で冬を象徴する。従って月中に在るという蟾蜍は、水蟲であって冬を象徴する生物である。

月の中に棲み、陰気の象徴である蛙を、徹底的に殺さなければ、春は来ない。その真剣な思いが、蛙を射るだけではなお足らず、これを串刺しにして殺し続ける。串刺しは殺しの継続を意味する。冬を殺し続けることによって、春が生じ、巡り来たる、とするのである。

祭神への初贄説を否定するものではないが、凝り性な日本人は一つのことのなかに、いろいろの意味をこめることが好き。そこで、これも前述の蟹の串刺しの民俗に対応する迎春神事でもあると考えるわけである。

しかし蛙は鱗も毛もなく人間同様、土気に属するとされる場合もある。十二月は水気及び土気でもあるから、この蛙を土気と見做せば十二月の象徴として殺される、という解釈も成り立つ。

蛙を串刺にする矢は柳であるが、柳は木扁に「卯」で、「卯」は春の正位、木気である。「木剋土」の理によって土気の蛙を木気の柳で刺している形である。迎春行事の蛙狩神事の解釈としては、或いはこの考えの方がより一層、理にかなっているかと思う。

(三) 柊と鰯

節分の夜に「鰯」の頭を「柊」に刺して戸口に出す風習は日本各地にみられるが、節分の行事であるから、これも迎春呪術に相違ない。

「柊《しゅう》」は中国では棕梠科の植物をさし、その広葉は物を包むのに用いられたという。しかし日本では「柊《ひいらぎ》」といえば、小さい葉に棘《とげ》のある例のヒイラギである。その字が木扁に冬なので、冬を象徴する植物とされた。

そこで柊の枝を戸外に出すことは、冬の追い出しを意味することになり、その結果、春を迎える呪物として扱われるようになったと推測される。

「鰯」は元来、和製の文字で、介蟲として冬を象徴する蟹の見事な由緒には到底かなわない。しかし、たとえ和製であろうと何であろうと、その文字の構造からみれば、これも立派な水気、あるいは冬の象徴物である。

つまり「鰯」字は、水に属す「魚」をその扁とし、「弱」をそのつくりとしている。

木火土金水の五原素のなかで、「水」はものの首《はじめ》、もっとも微弱なもの、とされている。一方、

「冬」は万物の衰弱するときである。そこで「鰯」は、水気と冬を象徴する呪物となり、植物の「柊」と一しょに、節分に当って戸外に追い出される破目になってしまったのである。

柊と鰯と併称されるが、この呪術における主役は、水気と冬を象徴する鰯の方で、そのため鰯は頭を灼《や》かれ、柊で突き刺され、戸外に曝《さら》されるなど、散々な目に遇《あ》うわけである。柊と鰯の行事は、もっとも直接に冬そのものを殺し、追放して一気に春を迎える呪術として受け取られる。

(四) 川渡り餅

(1) 中国の土牛

先にも述べたが『禮記』月令の十二月丑月の条に、

「土牛を出して、寒気を送る」

とみえている。十二月は丑（牛）月で、水気ではあるが、土気でもある。

土牛とは要するに立春前十八日間の丑月土用の象徴であって、土牛即十二月である。

この土牛を作って外に出すことは、水気でもあり、土気でもある十二月を追い出し、新たな春を迎える呪術になるわけである。

日本人が中国の迎春呪術を、様々に形を変えて取り入れて来た様相は先述の通りである。この古代中国の「土牛」の行事も、当然、何らかの形で生かされているはずである。

この土牛の日本版が「川渡り餅」と思われる。

(2) 川渡り餅

「川渡り餅」は、十二月朔日の行事であるが、中には十二月十三日、二十八日などというところもあって、何時の時代かに朔日にきまったものであろう。その名も「川浸し」「川渡し」「川通り」「川飛び」などいく通りもあり、新潟・長野・茨城・千葉・栃木、遠くは広島でも行われ、江戸の行事でもあった。

第22図　川渡り餅
祝宮静『日本の民俗行事』(桜楓社刊) 111頁挿画より転写

行事の大要は、十二月朔日に餅・団子・おはぎなどの甘いものをつくって、川に投げるのである。或いはこれらの餅や団子を食べないうちに、川や橋を渡ってはならない、というタブーがあって、この川や橋の重視がこの行事の特徴となっている。佐賀県では、十二月一日を「川渡り節供」といって正月の始まりとするところもあるという。

現在、この行事は水神や河童への供献として解釈されており、このようにしておくと水難が防げる、と信じられている。

(3) 川渡り餅水神供献説について

十二月は水気、甘いものは土気である。陰陽五行からみて、水に甘いものを投げれば、そこに働くのは「土剋水」の理である。甘いものを川に投じれば、水を制圧することが出来る。祭りとか供献の名において、神を制圧するのは日本人の常套手段だから、この川渡り餅がその土気で水神に勝つ、従って水難よけになるというのは理に適《かな》っているわけである。(しかしもちろん一般の人にこの理が知らされていたわけではなく、人々には只アンコロ餅やおはぎは水神や河童への供物となるとしか教えられず、人々はその通りにこれを信じ、行事を守って来たに過ぎないのである。)

(4) 川渡り餅の原義

川渡り餅は上記のように解されているが、この行事の本来の意義は単なる水難防止とは私には思われない。

この行事の中でしきりに強調されているのは、「川を渡る」、「川を飛ぶ」、「橋を渡る」、ということであって、そこには一つの境を越すという気持がつよく窺《うかが》われる。

十二月・丑月は一年の境の時である。見立ての好きな日本人は、水気の十二月を去る年と来る年の境の「川」に見立てた。この川を無事に渡ることを目的とした行事が「川渡り餅」ではなかったろうか。

十二月は同時に土気でもある。そこで川を渡りながら、土気の甘味を川に投じれば、土剋水の理で、土用の土気を扶けることが出来、水気を抑えて無事に川が渡れるのである。こうして水気に勝つことは、寒気の冬を超剋すること、冬を捨て去ることであり、この水に勝ち、川を越したところに、新しい年、木気の寅月がやってくるのである。

この行事を「川渡り節供」といって、正月の始まり、とするところもあるのは、この行事の原義の暗示として受け取られる。

『禮記』月令、十二月行事の主役は、「土牛」で、これが外に出されることによって寒気は去る、とされる。

同じく十二月行事の「川渡り餅」の主役は「川と甘味」で、この川は越えられなければならぬ水であるが、この「土牛」と「川渡り餅」の行事は、次の表にみられるように、土気と水気を媒《なかだ》ちとして、ぴたりと一致する。

(5) 土牛と川渡リ餅の一致

十二月行事
- 土牛……土・牛（丑月の象徴）
- 川渡り餅……甘味・川（丑月の象徴）

土気 → 土（土牛）・甘味（川渡り餅）
水気 → 牛（土牛）・川（川渡り餅）

㈤　鬼の的

鬼とは「陰《おに》」で陰の気、要するに水気であり、また、寒気でもある。

正月行事のなかで、「鬼」と墨書した的を射ることもある。それは「邪」を射るよりも、陰の気を撃つことによって、新しい陽気を迎える呪術と思われる。

㈥　鬼木

愛知・静岡・長野各県で正月十五日に「鬼木」といって、「十二月」とかいた薪を焼く行事がある。鬼木は「御新木《おにいぎ》」であるという説もあるが、この薪に十二月と書いてある以上、「鬼木」と解され、これもまた寒気・水気追放による迎春呪術である。

第23図　オニギ
愛知県北部地方
(『綜合日本民俗語彙』より転写)

第五節　中国周辺諸国における迎春呪術

(一)　韓国の迎春呪術

(1)　堅果破砕

迎春呪術としての金気破砕は、中国周辺諸国の民族のなかにもみられる。

「旧一月十四日夜（上元の前夜）、胡桃・栗・落花生・松果《まつのみ》・銀杏《ぎんなん》の五種の殻を、自分の指でこわしながら夜通し食す。」　（一九七七年、崔千鶴氏談ソウル市居住四十五歳）

一月十四日夜は上元の前夜、日本では小正月の夜に当り、迎春呪術にふさわしい時である。五穀と果実は、いずれも金気に属するが、そのなかで堅果が撰ばれているのは、明らかに「堅」をその特質とする金気に対する意識を示すものであろう。

しかもそれらの堅果の殻を、自分で砕きながら夜を徹して食するのは、金気破砕の実践と受け取られる。

しかし韓国においても日本同様、その呪術の真の意義は忘れ去られ、諸文献によればこの風習も、以下のように解釈されている。

「上元、清らかな早朝、生栗・胡桃・銀杏・松の実・蔓菁《かぶら》などをポリポリかじりながら、『一年十二ケ月無事太平で、腫れ物が出来ないように！』と唱えることを嚼癤（ブルム）という。あるいはこれは、歯を丈夫にする行事といわれる。

義州（平安道）の風俗では、年少の男女が、早暁、固い飴をかじり、これを歯較べという。」

（洪錫謨他姜在彦訳注『朝鮮歳時記』平凡社刊）

「正月の十五日を上元という。上元の朝、早く起き、栗・胡桃・銀杏等の実をかじって、庭に捨てる。これをブルムという。果実は各自の年齢数だけ咬み、一気にかみくだくほどよい。しかし老人たちは一度では出来ないので、何度もかんで砕くのである。一番はじめにかみくだいた果実は庭に捨て、そのほかのものは皮をむいて食う。かみくだく時、『一年の間、無事太平で、あらゆることが意のままになり、腫物が出来ないように』と呪文をとなえる。……上元の日にブルムをするため、十四日の夜には果物を準備しておく。地下に埋めておいた栗を掘り出し、洗っておく。都会では夜、市にブルム用の果物が店先を飾り、主婦や帰路を急ぐサラリーマンたちを呼んでいる。」

（任東権『朝鮮の民俗』岩崎美術社刊）

これらの文献をみれば、このブルムが韓国社会において、日本の節分の豆撒き同様、一般的年中行事であることがわかる。また恐らく、節分の豆の意味が忘れられているのと同じく、韓国においてもこの堅果の意義は忘れ去られ、このブルムは歯固め、あるいは腫物除けの行事として受けとめられている。

しかし本来の意義は忘れ去られながら、それらの果実の現実の扱いの中に、忘れ去られている呪術が顔をのぞかせているのである。

つまり堅果を一気に噛み砕く、ポリポリ噛む、最初に噛んだ果実は庭に投げ捨てる、その次からはカラを剥いて食べてしまう、というように強く早く噛むこと、投げ捨てることなど、普通とは違った扱い、つまりそこにはすべてに亙って強く砕き、捨てるという意識が潜められている。堅果の一部が屋外に捨てられ、一部が食べられてしまうのは、日本の節分の豆と同じである。節分の豆が火で最初いためつけられるのに対し、栗や銀杏・胡桃などのカラが手指で砕かれる点は異なるとしても、いため剋されることにおいて変りはない。

節分の大豆、韓国の上元の胡桃・栗などはそれらを剋すものが火・人間の歯・手指などの差はあっても、同じく剋される運命をもった迎春呪術のための大切な呪物であって、その本質において両者はまったくひとしいのである。

(2) 不飼犬

また中国の「犬の磔《はりつけ》」と同種の呪術と見做されるものが、同じく韓国の上元の風習のなかにある。

「不飼犬。上元の日には犬に食餌をあたえない。餌をあたえれば、夏に蠅がわき、犬が痩せるからである。だから俗に、腹の空いた人を、上元の犬のようだと冗談をいう。」(洪錫謨前掲書)

任東権『朝鮮の民俗』にも、「犬の上元過ごし」として、この日は一日中、餌があたえられないことが記されていて、その理由づけも大体同じである。

動物にとって、もっとも苦痛なのは、餌を給されないことだろう。上元に際して犬がこのように虐待されるのは、中国の犬の磔の亜流として受けとめられ、程度の差こそあれ、金気の犬を剋する原理は一つである。

しかし時代の推移とともにその意義は不明となり、蠅がたかるとか、痩せるとか、荒唐無稽な理由づけがなされるに至ったと思われる。

(二) メオ族の迎春呪術

一九七七年二月、朝日放送は「ラオスのメオ族の大晦日」(鷹野正ディレクター)を放映したが、その画面には次のような光景がみられた。

- 大晦日の夕方、村人は西空の夕陽の方向に対し、鉄砲を撃つ。それは全く無目的である。
- 広場中央に葉のついた木を立て、この木の根元に鋤・鍬・鎌などの農具を伏せて置く。
- 西空に向って鶏を振り、首を切って殺し、その生血をこの木に塗る。
- この木にシメ縄(竹を細く裂いてつくった縄)をはり、その下を村人らはぐるぐる廻る。
- 追羽根をする。

大晦日の行事の中心は、広場にたてられた青い葉のついた一本の木であるが、これはそのものズバリ、木気の象徴である。

西空・夕陽・夕方・金属農器具・追羽根の羽、それらはすべて金気の象徴。雞は早朝のシンボルとして木畜とされることもあるが、鳥として捉えれば、これもまた金気である。

西空の夕陽に向っての発砲は、文字通り、金気の撃攘であって、金気は殺されるわけである。中央に立てられた木は木気の象徴で、翌日めぐり来る新春そのものである。この木気の新春を剋す金気の各種農具は、木の下に伏せて置かれる。それは西空への発砲によって弱められ殺された金気の、更に衰えた形の象徴であろう。

金気としての雞を西空に向って振り、これを殺してその生血をこの木に塗るのも、金気剋殺の呪術と受取られる。

中央の木は来《きた》るべき新春の象徴故、神聖視されてシメ縄が張られ、祝福されて、人々はこの木の下を輪舞する。日本の正月と同様、追羽根もまた金気剋殺の呪術であろう。

おわりに

本章は寅月を「木気の始」として捉え、日本人が如何にこの木気の春を無事に迎えようとして努力して来たかを考察した。

木気とは木に限らず、稲を含む植物一般を意味する。饑饉といっても外国からの輸入は皆無、日本国内においてさえ有無相通じることは容易ではなかった昔、凶作はそのまま生命の危険、経済の破綻につながった。従って稲象徴の季でもある年の初めの豊作祈願ほど真剣なものはなかったのである。
その真剣さは環境の変化・生活の激変と共に今は全く失われたが、それは当然すぎるほど当然のことである。

しかもなお、この呪術は先祖伝来の祭りを忠実に守っている人々の間にひっそりと受けつがれている。

一九八一年二月七・八日、私は滋賀県伊香郡杉野の「行《おこない》」（主として湖北地方に伝承されている迎春行事）を

第24図　滋賀県伊香郡木之下町杉野の二月の行（おこない）

見学する機会を得た。頭屋の奥座敷の床の間には、鉢の中に造りものの花を枝一杯につけた見事な桜の木が据えられ、その木の根元には、榧・椎・栗・蜜柑・干柿など五種の木の実・果実と、これも造りものの鯛三尾とが、ぎっしりと詰められていた（第24図参照）。これらの金気と水気の群は、来るべき春を象徴する花盛りの木の下に正にひれ伏している形であって、それはメオ族の大晦日、祭場中央の木の下に金属類を伏せる迎春呪術と原理においてまったく一つである。

また、七日の夜、炉の火で煎られた夥しい榧の実が参会者一同に供されたが、人々はこの榧の堅い殻を一つ一つ手指で砕きながら、中の実《み》を口に運んで、炉辺で夜明しをしながら、八日未明

の頭屋の宮上りを待つのである。この堅果の破砕は正に韓国の迎春呪術、ブルムに通じると思われるが、これを木気の春を無事に迎え、一年の平穏を願う呪術の名残りとして受取る人は、いなかったようである。

第三章　陰陽五行と防災呪術

第一節　対震呪術

はじめに　列島の地震災害

「地震・雷・火事・親爺」とは日本人にとって、もっとも恐ろしいものの番付表である。その本当の狙いは、親爺という人災のやや大げさな表現にあると思われるが、しかもなお、これらに大風と洪水とを付け加えれば、日本における大きな災害は揃うのである。

北から南に長く連なる列島は、古来、つねにこうした災害に無防備に曝《さら》されて来た。その結果、日本の庶民信仰は、ほとんどこれらの災害の予防と、一身一家の無事安全および五穀豊穣の希求祈願につきている。ことに顕著な予兆もなく突然おそってくる地震に対しては恐怖の念も一段と強く、地震・雷・火事の順位は、あるいは妥当かも知れない。

(一) 地震と鯰

地震の原因、ならびにその予知は現代においてさえなお不明の点が多く、取分け、予知についての決定的な結論はまだ出ていないのである。こうした地震の原因究明に昔の人々がいかに苦労し、その予知についても心を砕いたかは容易に察し得られるのである。

彼らはその地震の原因を、地中に潜む巨大な鯰の動きとして捉え、地震対策の決め手として、この鯰を鎮めることを第一とした。今日に残る「鯰絵」の中で、多くみられるものは鹿島大神によって、「要石《かなめいし》」で取り押えられる鯰、あるいはエビス神が瓢簞《ひょうたん》で抑え付けている構図である。

次にこの鯰について注目すべきことは、その両義性である。つまり鯰は巨大なエネルギーで地震をおこし、一切を破滅に導く一大破壊者であると同時に、その混乱につづいて、復興の槌音とともにやってくる活気に満ちた社会をもたらす福の神、いわゆる「世直《よなお》し鯰」でもあったのである。

第25図

鯰絵はこの鯰の両義性を巧みに表現し、大判小判を吐き出す鯰、大工職人・町人らに取り囲まれて大尽遊びをする大鯰などが、破壊者としての鯰よりむしろ数多く描き出されているほどである。（前頁第25図参照）

『鯰絵』（せりか書房一九七九年刊）の著者アウェハント博士は、この鯰をいろいろの角度から考察検討し、そのなかでもこの両義性について注目している。地震源としての鯰、およびその作用の形象化としての鯰絵については、この大作によってほとんど余すところなく考究されている。しかし陰陽五行による考察だけはここにはみられない。そこで、以下は陰陽五行導入によるこの鯰の再検討である。

(二) 中国におけるナマズ

中国と日本では同一文字が異なる物の名称になっている場合が往々にしてある。ナマズは、中国においても「鯰」字が用いられてはいるが、より一般的なのは、むしろ「鮎」である。「鮎」の音は、「デン・ネン」。その意は粘滑、つまりヌルヌルしていることである。

日本では「鮎」は「アユ」を意味するので、ナマズには専ら、「鯰」が宛てられている。「鯰」も音は、「ネン」であって、粘滑の意を内包する。

中国では生物一般を「蟲」とするが、魚類は鱗があるので「鱗蟲」とする。人間や蛙、蚯蚓の類いは、毛も鱗もなく、表皮がツルツルしていて裸《はだか》同然なので「倮蟲《らちゆう》」に属し、人間はこの「倮《ら》

蟲《ちゅう》の長」であって、中央の土気に所属する。（第一章三二頁「五行配当表」参照）

鯰は魚には違いないが、鱗がなく「ネン」の音にみられるように粘りを意味し、表皮がヌルヌルしているので「倮蟲」と見做《みな》され、その所属は土気と推測される。

㈢ 鯰の解字

次に「鯰」の中の「念」は、「思うこと」であって、「思念」という熟語もあるように、「思」と同義である。

木火土金水の「五事」は、貌・視・思・言・聴であるが（「五行配当表」参照）、五事における「思」は、中央の土気に配当されている。

「鯰」はこの解字によっても、土気なのである。

㈣ 鯰の形

鯰の頭・額は平たく、その口は方形で大きく裂けている。中国思想では天は円、地は方形で、平たいとする。鯰はこの外観からも大地の象徴物である。

更に鯰は水底深く泥のなかにいるので、この点からも土気としての意識を持たれたのである。

(五) 土気の精としての鯰

以上を綜合すれば土気の精としての鯰像が浮かび上ってくる。

●鱗のない特質において「倮蟲」＝土気

●「鯰」の「念」が意味する「思」＝土気

●偏頷と方形の口の象徴するもの＝土気

●泥中に潜む怪魚　＝土気

これらの諸要素を具備している鯰は、土気の妖怪としての資格は十分であり、この土気の塊りとしての鯰が動くことによって、地震が起るとされたわけである。

そこでこの鯰さえ取り抑えれば、地震を防ぐことが出来ると考えたのは自然の成行きであった。地震学など期待されるべくもなかった昔、日本人は諸種の条件を多く備えた鯰に地震の原因を負わせ、この鯰を取り抑えることを防災の具体的な対策としたのであった。

(六) 具体化される地震対策

地震の原因が鯰ということになれば事は簡単。土気の鯰は「木剋土」の理で木気に敗れるから、ここに強力な木気の象徴をもってくればよいわけである。

鯰絵をみると、そこには鹿島の神がその宝剣や、境内の七不思議の一つとされている要石《かなめいし》で、鯰を取り抑えている構図が頻りに描き出されている。あるいはエビスの持つ瓢箪によっても鯰はしばしば抑え込まれている。

鹿島大神は日本国土の東端、常陸の神であって、雷神でもある。陰陽五行によれば、「東」の方位、「雷」はいずれも「木気」であって、土気の鯰は、鹿島の神に対しては一たまりもなく負ける立場にある。瓢箪もまた木気であって、この神聖な植物は、よく験を現わし、特殊の人の手にかかれば、沈むはずのない瓢箪も水底深く沈むのである。

鯰を土気の精として捉えるとき、鯰絵に登場する鹿島大神や瓢箪の謎もよく解くことが出来る。それらはすべて「木剋土」の理の応用とみられるからである。

しかし鯰を土気の象徴として捉えるとき、解明される謎はこれだけではなく、鯰につきまとうその両義性の謎もまた解明されるのである。

(七) 鯰の両義性と陰陽五行

土気は「五黄土気」と称せられ、五原素のなかでも、もっとも作用がはげしく、万物を破壊・荒廃させ、死に至らしめるものである。

しかもその一方において土気は万物を生じ育む大きな徳をもっている。「木剋土」の理で、土気を痛めつける木気自身、土がなければ育たない。木気、つまりあらゆる植物は土あっての生命なのである。金属もまた鋳型がなければ型をなさず、水も土がなければ溢れて止まるところを知らず、火も土なくしては燃えることが出来ない。四季の推移も各季の中間にある土気の作用、つまり土用によって転換され（第一章四四頁第5図参照）、循環するのであって、そのため土気は四季の王とされているのである。土気は万物の生と死、始めと終りを司るものであるから、土気としての鯰は、五黄土気の破壊と同時に建設の萌芽を内包する。

その上、土気は「土生金」の理で、金気、つまり黄金を生み出すものでもある。鯰絵に描かれる「世直し鯰」が、大量の大判小判をその口や腹から吐き出しているのは、この「土生金」の理に拠《よ》っているのである。

土気としての鯰のもつこの呪術的両義性は、奇妙に現実の地震そのものがもつ両義性、つまり破壊と同時に多くの場合それにつづく復興の好況をもたらすその二面性と正に表裏をなしてピタリと一致する。このような現実の裏付けによって、地震における鯰の地位は確乎不動となり、多量の鯰絵の存在はそれを実証しているわけである。

しかしナマズに多くの場合「鮎」を用いる中国では、このようなことはなく、地震と鯰のこの濃密な関係は、ナマズに「鯰」を用いた日本に限られる現象なのである。

(八) 陰陽五行における地震の本質

地震といえば鯰、鯰といえば地震が連想され、地震と鯰は日本民俗のなかで相即不離の関係にある。その理由はひとえに鯀が土気の精として捉えられた結果である、と考察してきた。

それでは地震を象徴するものは、木火土金水の五気のなかで、土気に限るのであろうか。土気のみが五原素のなかで地震に関わるのであろうか。

実は、五黄土気は地震によってもたらされる破壊・荒廃・死滅などを象徴するものであって、地震そのものを表象するものではない。天の鳴動が「雷」であるのに対し、大地の震動が「地震」である。地震の本質は「振動」「震」であって、破壊・荒廃はその結果に過ぎない。

(九) 地震は「木気」

『易』の八卦、「乾《けん》兌《だ》離《り》震《しん》巽《そん》坎《かん》艮《ごん》坤《こん》」において、「震」の卦は東の正位に配当されている。東の方位を象徴するものは「木気」。前述のように天と地の差こそあれ、雷も地震もともに「震」「振動」であって、その気は両者とも「木気」である。その意味で雷と地震は同じ木気という密接な関係にある。

(十) 鹿島大神は地震神

国土の東の最果に鎮座の鹿島大神、タケミカツチノ神は雷神としてきこえている。

雷と地震はともに「震」の卦によって象徴されるが、それは両方ともに木気であることを意味する。そこで雷神としてのタケミカツチノ神は、同時に地震の神でもある。

鹿島神宮の境域には、鹿島七不思議の一つとして、前述のように古代からその由緒も定かではない「要石」が据えられているが、この要石こそ、実は地震の神としてのタケミカツチの動きを鎮める対震呪術の石だったのである。

鉱物としての石は「金気」。金剋木の理によって、木気の地震神は石によって容易に鎮められる。

古代日本人は、陰陽五行および『易』の理によって、地震といえば木気、地震の神といえば東方木気のタケミカツチ、と明白に意識していた。その結果、極めて古くから鹿島神宮の正殿近くに国土の安穏を願って据えられたのがこの要石だったと推測される。つまりこれは木気の地震神の震動を、金気の石で取鎮める呪術であって、要するに不断に神を脅《おびや》かしていることになる。「神を脅かす」などといえば、およそ意外にきこえるかも知れないが、日本人はこれに類することを後述するように「風祭り」其他においても盛んに行っているので、このような推測はけっして理由のないことではないのである。

しかし鹿島大神は何分にも、神格の高い神であるから、そのような勢威のある神を脅かすことを憚《はばか》る気持がおこるのは当然である。そのことが一つ、また一つには土気の鯰の動きを地震の原因とする方が何彼《なにか》と都合のよいことから、時代はいつとはわからないが、はるか後代になって鯰の登場をみることになったと思われるのである。

(二) 要石の権威

鹿島神宮の神域に対震呪物として据え置かれた要石の権威は、後から来て地震神としてのタケミカツチのお株を奪ってしまった鯰にも引き継がれた。鯰絵のナマズが、しばしば鹿島神の手にする要石によって取り抑えられているのはこのためである。

しかし元来、鯰と要石の関係は、土気対金気、それは「土生金」の相生関係であって、けっして敵対関係ではない。それにもかかわらず鯰が要石によって制圧されるのは、木気の鹿島神を取抑えていた対震呪物としての要石の権威が記憶されていたからに他ならない。

また一方、「木剋土」の理によって、土気の鯰は木気の鹿島神によって容易に制圧される。要石はこの鹿島神の付属物に過ぎないから、要石の金気などは問題にならない、ということもあろう。

いずれにせよ、鯰絵には、鯰と、鹿島神、及びその要石の三者が登場する。その背後には以上のように錯綜した事情が考えられるので、一応、整理して考察する必要があろう。

(三) 問題の整理

●地震神としての鹿島神の記憶が、鯰絵に鹿島神を登場させる。

●にもかかわらず地震神としての鹿島神の本質は忘れられている。あるいは新顔の鯰のために、忘れられたような扱いをされている。

●鯰の土気、鹿島神の木気は十分に意識され、この両者間の木剋土の相剋関係は対震呪術として利用される。

●要石もまた過去における対震呪物としての記憶から鯰絵の中に一役買って登場させられてはいるが、鹿島神宮の神域に据えられた時の如き威力は既にない。しかし「地震には要石」の既成概念、あるいは鹿島神の付属物として、鯰取抑えの道具として、鯰絵の主役の中に加えられている。その金気は問題とされない。

鯰絵の基本的構図は、鯰、鹿島神、要石の三者のからみ合いであるが、その背後の事情は以上のように考えられる。

(三) 鹿島神の本質

鹿島神宮の祭神、タケミカツチは「建《たけ》御雷《みかづち》」の字が宛てられ、雷神とされている。しかしこの神は、そもそもの初めから雷神だったのであろうか。私はその本質を蛇神とみたいのである。

『常陸風土記』に次のような伝承がある。

「茨城の里にヌカヒコ・ヌカヒメという兄妹があった。妹が名も知らぬ男と交わり、小蛇を生む。これを神の子として扱い、その成長の段階に応じて、坏《つき》・瓮《ひらか》・甕《みか》に入れて飼養するが、日増しに大きくなり、ついに器からはみ出す始末。天の父の許に帰れと母からいわれ、怒った蛇は伯父のヌカヒコを震殺する。母は子に瓮を投げつけたため、蛇は昇天出来なかった。その蛇を育てた瓮と甕は、今も村にあり、ひきつづき祭られている。」（要旨）

この伝承は、ヌカヒメという蛇巫が神蛇を瓮や甕の中で飼養していたことを示す。それならば蛇は瓮や甕の主ということになる。日本人の常として容器はその内容物を象徴するから、この場合も蛇を飼養していた容器まで神聖視され、祭祀の対象となっているわけである。

そこで「タケミカツチ」の「ミカツチ」は、「甕の蛇《ミカツチ》」と訓《よ》むことが出来る。

このタケミカツチと連れ立って出雲に赴く「フツヌシ」も「瓮の主《ヘツヌシ》」と訓み、ヘツヌシからフツヌシに転訛したと考えてもよさそうである。この神は、経津主、布都主と宛字されているが、恐らく、タケミカツチと同様に、甕や瓮の中で飼われた神蛇であって、両者の本質は等しい。それ故に『古事記』においてはこの両神は異名同神なのである。

要するにタケミカツチもフツヌシもその本質は甕や瓮に飼養され、託宣する神蛇であった。この神蛇は後に雷神となるが、その経緯は『雄略紀』にみえる。三輪山の神蛇が見たくて、一度はこれを捕えさせてみたものの、その眼光におそれをなした天皇は、蛇を再び山に放ち、これに「雷」の名を賜った、という話である。

しかしこれは一種の起源譚に過ぎず、マブタがなく目ばたきをしない蛇の目は、光りの源泉として捉えられ、蛇と雷は非常に古い時代から日本人によって習合されていたと思われる。

一方、陰陽五行、『易』において、東は木気で、「震」「雷」である。国土東端鎮座の鹿島神は、陰陽五行からいっても「雷神」となる。鹿島神は蛇神の本質を内在させながら、表面は雷神として知られて来たわけである。

(四) 蛇から鯰へ――鯰絵の謎をとく

さきに地震神は、鹿島神から鯰へ移行したと考察した。鹿島神の本質が蛇であるならば、地震神は蛇から鯰に移行したことになる。鹿島神の本性が蛇であることは、タケミカツチが雷神として定着したのちも伝承の何処かに必ず残っていたはずである。

それを裏書きするように「鯰絵」の中には、しばしば大蛇が画かれ、アウェハント博士も諸種の資料から、地震を象徴するものが、蛇から鯰に移行したことを指摘しておられる。しかしその理由付けは明確にされてはいない。

むすび

鯰絵の背後には図表にすればおよそ次のような関係が考えられる。

第一地震神……鹿島神
- 国土東端・易の震卦象徴、従って地震の本質を象徴する。
- 雷神としてきこえるが、原始信仰では蛇神であった。

第二地震神……鯰｛五黄土気の象徴、従って
災害と復興という地震の結果を象徴する。

鯰絵の背後にひそむこの複雑な経緯は、陰陽五行を呪術として自由自在に応用する日本人の心情を窺わせる好箇の資料と思われる。

第二節　対雷呪術

(一)　日本人の雷観

物凄い鳴動と強烈な光り、どこに落ちてくるか判らない「雷」もまた「地震・雷・火事・親爺」の俗諺にあるように、地震についで人々の恐怖の対象であった。地震対策として、まずその正体を呪術的に捉え、それを制圧することによって地震を剋伏しようとしたと同様に、雷の場合にもまずその正体をきめることが大切であった。

『日本霊異記』（薬師寺僧・景戒撰・弘仁年間）の道場法師奇異譚は、当時の人々の雷観を示すが、ここには雷の正体、雷の苦手とするもの、雷の威力などが物語られている。

「昔、敏達天皇の御世、尾張国阿育知《あゆち》郡片輪里にひとりの農夫あり。田を作り水を引く時に、小雨降るが故に、木の下にかくれ、金の杖をつきて立つ。時に雷鳴る。即ち恐れ驚き金の杖をささげて立つ。即ち雷、その人の前におちて、小子となりて随ひ伏す。その人、金の杖を持ちて撞《つ》かむとする時に、雷のいはく『我を害《そこな》ふことなかれ。我汝の恩に報いむ』といふ。その人、問ひていはく『汝何をか報いむ』といふ。雷答へていはく『汝に寄せ子を胎《はら》ましめて報いむ。故、我がために楠の船を作り水を入れ、竹の葉を泛べて賜へ』といふ。即ち雷のいひしが如く作り備へて与へつ。時に雷いはく『近よることなかれ』と遠く去らしむ。即ち曇り霧《きら》ひて天に登る。然して後に産まれし児の頭に蛇をまとふこと二めぐり、首尾後に垂れて生まる……。」（傍点引用者）
この雷の申し子は、無双の大力をもって聞え、鬼を退治し、元興寺のために力をつくし、後にこの寺の道場法師となる。

このなかで注意されるのは、短い文中に、「金の杖」が三度も出てくることである。

●金の杖の前に落ちた雷は小さい子の姿をとる。
●この雷は金の杖をひどく怖れ、金の杖で自分を突くなという。
●木と水をよろこぶ。（水をたたえた楠の舟を農夫に乞う。）
●雷の申し子は、蛇を身に帯びて生れて来る。
●この子は人間の種ではなく、奇瑞《きずい》を示す。

この五項の要領は次の通りであろう。

前節で考察したように「雷」は「震」卦によって象徴される「木気」である。「蛇」もまた木気であって、「雷の申し子」の本質は蛇である。

木気の雷は、「金剋木」の理によって、金気に制圧される。そこで金の杖の前に落ちた雷は小さい子の姿になり、更に金の杖によって突かれることをひどく怖れる。それは死を意味するからである。この雷にとって、木気は同気、水気は「水生木」の理で相生関係。そこで雷は木気と水気をその「比和相生《ひわそうじょう》の祐気《ゆうき》」として、よろこぶのである。水を張った楠の槽と、その上に泛べられた竹の葉によって雷は天に帰ることが出来るというのはその意味であろう。「水生木」につづくのは「木生火」。火の本性は炎上で上に昇ること、火気は南で天を意味するものでもある。楠は南で火を意味するから、これらの呪物による呪術によって雷は天上に戻れるのである。

農夫のもつ金の杖とは、要するに農具であろう。「金の杖、即ち鋤《スキ》か」（岩波本『日本霊異記』注）という説もあり、柳田國男はこれを鍬《クワ》と解して、「桑原、桑原」の呪詞の起源としている。（『定本柳田國男集』第九「雷神信仰の変遷」）

たしかに「クワバラ、クワバラ」は落雷を避けるための全国共通の呪詞である。しかしこの呪詞の「クワ」を植物の「桑」とすれば、その桑は実は落雷を招《よ》ぶ木なのである。

中国において桑は東海の日の出るところにある神木で、東、つまり木気の象徴である。同気の木気の雷が好んで落ちる場処として、桑の木の下にまさる処はない。それを裏書きするように『捜神記』には「雷神」について次のような記述がある。

「雷神。晋のころ扶風（陝西省）の揚道和が、ある夏の日に畑仕事をしていて雨にあい、桑の木の下にはいったら、雷神が落ちて来た。そこで道和は鋤《すき》をもって格闘し、雷神の股を叩き折ると、地に落ちたまま、逃げられなくなってしまった。その唇は朱のように真赤で、目は鏡のように光り、長さ三寸の毛の生えた角があり、体は牛や馬のようだが、首は猿に似ていた。」（干宝撰　竹田晃訳『捜神記』平凡社刊）

恐らく『捜神記』の雷神に関わるこの話が、『霊異記』の雷の源流であろう。

模倣者はつねに原典の本筋は追いながら、その細部では多少の変改を試みるものである。この場合も『霊異記』の撰述者は落雷の場処の明示を避け、単に「木の下」といい、農具を「金の杖」といっているが、この木の下とは雷の好む桑であり、金の杖とは鋤《すき》、あるいは鍬《くわ》であろう。

雷は東の象徴の桑樹に落ちるものであり、鍬によって手痛い打撃をうけるのである。「鍬」の偏《へん》は「金」、旁《つくり》は「秋」。秋は金気の正位であるから、鍬は文字通り金気の精であって、雷神の敵である。

『捜神記』に「鋤」とあるのは、「金気を助ける」として、鋤に鍬以上の力をみているためであろうか。

しかし鋤《すき》にせよ、鍬《くわ》にせよ、金属を雷除けとすることは現実には危険この上もない。呪術にひどく凝りたがる日本人も、さすがに金属をまともに雷除けにする勇気はなかった。そこで「鍬」の訓、「クワ」を、植物の桑にとって、桑を雷除けの呪物とし、「クワバラ」の呪詞が生れたのである。

東方木気の桑は雷除けどころか雷神の好んで落ちる処のはずであるが、恐らくそれも承知の上で、「金剋木」の理で雷除けに無類の威力を発揮するはずの鍬に、たまたま発音を同じくする植物の桑を借りて来て、雷除けの呪詞としたと推測される。

(二) 雷除けとしての鍬(木ささげ・ひさぎ)

秋田県地方には「木ささげを植えておくと落雷しない」という俗信がある。木ささげの漢字は

「楸」。木扁に旁《つくり》は秋である。

「鍬」は扁《へん》も旁《つくり》もすべて金気で雷除けの至上呪物であるが、前述のように現実には余りにも危険である。そこで鍬のもつ呪力を他のものに移し替えて、それらを雷除けの呪物とした。

「桑原桑原」の桑はその音から、楸はその字の旁《つくり》から、それぞれ「鍬」を中心としてそこから派生した雷除けの呪物と推測される。

(三) 金属による雷除けの諸例

「金剋木」の理で、雷除けに絶対に威力をもつのは金気である。鍬と同様に秋田県地方の民俗のなかに金属および金気のものを雷除けとする例がいくつかみられる。

(1)竿頭に鎌を結んで門口に立てると落雷しない。
(2)雷鳴のときには砥石を吊《つる》す。
(3)雷鳴のとき、刃物を以て手足を切る真似をするとよい。
(4)雷鳴のとき、西にある桃の木を折って手拭をかぶせてふると止む。
(5)生後三日以内に雷が鳴れば、金属の名をつける。
(6)雷の鳴るとき生れた子には鉄の字をつける。
(7)生れてから一週間以内に雷が鳴ったら、金に因んだ名をつけないと丈夫にならない。

(傍点引用者)

(1)(2)の例は金属あるいは金気で雷を剋する方法。(3)例は人間が刃物を以て自身の手足を切る真似をし、雷に対しお前もこうしてやるぞという脅《おどか》し。(4)例の「西」「桃」は共に金気の象徴、一方、手拭いとか帯など長い布は木気に属す。そこで木気の雷を象徴する手拭いが、金気の桃の枝でふりまわされれば雷は止まざるを得ないのである。第(5)例以下は出生時に雷鳴のあった場合、その子と雷との間には深い関係があると見て、雷との一生の縁を絶つように金気の名をつけるわけである。

(四) 雷除けとしての赤雞・赤蜀黍・節分の豆

上述の例はいずれも雷除けにおける金気として捉えやすく、従って理解も容易な呪術・呪物であるが、文献のなかには、これらよりはるかに理解し難く、しかも確実に金剋木の理によって、雷除けの呪物となっているものの例を見出すことができる。

「雷公祭。験アリト雖モ、頗ル絶ヘ畢《ヲハ》ンヌ。範俊、請雨経法ヲ行フトキ、威儀師能筭、別意趣ヲ以テ、壇辺ニ赤雞ヲ放ツ。云々。世人珍奇ト為ス……」（『禁秘御抄』）

「文化の始より、浅草寺七月十四日の四万六千日に、赤き蜀唐《たうきび》を雷除けとて商ふ事始まる」（『武江年表』）

「浅草寺観音、毎年七月十日を四万六千日とて参詣群集なす。さてまた此日、此山内にて、赤き唐もろこしを雷除けとて商ふ。俗子買はざるはなし……」（『蜘蛛の糸巻』）

「……凡ソ一春ノ中、雷初メテ声ヲ発ス。是ヲ初雷トイフ。京俗、節分ノ夜、家内ニ撒《マ》ク所ノ煎《イ》リ豆ヲ貯ヘ置キ、初雷ヲ聞ク時、則チ三粒コレヲ食ス……」

（『梅園日記』）

●考　察

赤雞・赤唐もろこし等の「赤」は、九星では「七赤金気」といって、金気と西の象徴。

雞は十二支では「酉」。「申酉戌」の三支は金気であるが、酉はその中央で、西の正位でもある。

唐もろこしの粒は丸く堅い。丸いもの・五穀・豆・果実は「六白金気」である。

赤の七赤金気と、円の六白金気の結合としての赤唐もろこしは、雷除けの呪物たり得るのである。

取分け、新春の木気を害《そこな》うものとして、先に考察した節分の豆は、火で煎《い》りつけられ、鬼は外、の名目で外に投げ出される。これは全く金気が実証されている呪物であるが、この実績が買われて、雷の鳴るころまで大切に保存されて、雷除けとなるのである。

そのほか、この金気保証済みの節分の煎豆は、安産の守りともされる。胎児は水に乗って生れ出る。胎児にとってもっとも大事なものは水であるから、「金生水」の理によって、水を生み出す金気が、安産には必要とされる。妊婦の帯を付ける日に犬（戌）の日が撰ばれるのは、犬が「金畜《きんちく》」、つまり金気の動物だからである。

一方、「犬《けん》」は、乾・堅・健に通じ、赤児の守りの犬張子、宮参りの額の印の犬字などは、すべてこれに基づき、新生児の健康や、魔除けを目的とする呪術であろう。

犬の日の着帯の民俗を、「犬は産が軽いからこれにあやかるため」という従来の解釈では、妊婦と新生児の両方に関わる犬の民俗の解明にはならない。

犬に関わる民俗は、犬をまず金気として受取り、更に、乾・堅・健と動かしてはじめて判然としてくるのである。要するに節分の豆や犬が、安産に関係するのは、すべて金気呪術に帰着する。金気の本質は乾・堅・健、その作用は水を生じ、木を剋するのである。

雷除けの場合、その物実《ものざね》は赤い雞・赤唐もろこし・節分の煎豆などと、実に多種ながら、その底に流れる理はただ一つ、金気による木気の剋殺ということである。

第三節　防火呪術

(一)　正月と猿

戦前の東京の正月には必ず猿廻しがやって来て、家々の玄関の間《ま》で、猿の芸を披露したものである。輪くぐり、でんぐり返し、道行きに至るまで猿廻しの口上にのって達者な芸をみせる赤いチャンチャンコ姿の猿を、幼い日の思い出のなかにもっている人々は今も少なくないはずである。更に江戸時代にさかのぼれば、正月の猿の活躍は、東京のそれとは比較にならないほど多彩だった。

「……江戸では将軍家出入の猿屋が、浅草猿屋町におり、毎年正・五・九月の三回ずつ、武家を廻って猿を舞わせていた。厩屋祈禱《うまやきとう》をするのは、いずれも猿を舞わすことを職業とする猿屋であった。猿屋は後には猿廻わしとして独立の技芸人となるが、本来は厩屋祈禱を行ない、馬の安全息災を祈願し、また修法《ずほう》によって病を治す馬医を兼ねたものであった。最近でも厩屋の守札に猿の駒引図を貼ってあるのを見ることが出来る。……」

（大塚民俗学会編『日本民俗事典』）

この解説はむしろ次に挙げるいくつかの問題を新たに提起している形である。

●何故、猿屋が厩を管理し、厩屋祈禱を行い、馬医を兼ねていたのか。

●何故、猿屋は正月・五月・九月の三度に亙って猿を舞わせたのか。

猿が正月と深く関わり合い、その猿がまた馬に関係し、ひいては猿を扱う猿屋が厩屋を管理するに至る理由については従来、定説はなく、単に猿が山の神であるとか、神聖性をもつ等の解釈が広く行われているに過ぎない。

㈡ 寅・申について

しかしこの猿と馬、或いは猿と正月の一連の関係の背後には精密な陰陽五行の理がかくされている。従ってその理を鍵として使いさえすれば問題は容易に解けるのであるが、それにはまず、

●猿、即ち、十二支の申《さる》、

●正月、即ち、十二支の寅《とら》、

●馬、即ち、十二支の午《うま》、

という風に問題を解きほぐして来ることが必要である。

このように解きほぐされたとき、「申」「寅」「午」の間には明らかに一つの関係がみられる。

『淮南子《えなんじ》』天文訓に、

「水は申に生じ、子に旺《さか》んに、辰に死す。三辰は皆水也。

火は寅に生じ、午に旺んに、戌に死す。三辰は皆火也。」
とみえている。くり返しいうようにこの法則を「三合《さんごう》の理《り》」という。（この三合は単に水火に限らず、木火土金水の五気にすべて存在することは既述の通り。しかし今ここで必要とされるのは、水・火の三合の理である。）

この三合の理によるとき、

●「申」は水の始、
●「寅」は火の始、

であって、申寅は各々水火の始めである。

●水の始の申、（即ち猿）旧暦七月、旺気は子月、冬至
●火の始の寅、　　　　旧暦正月、旺気は午月、夏至

図のように（第一章五〇頁第10図または第四章一六七頁第34図参照）水火の始としての申寅は対中し、水の始の申は、「水剋火」の理によって相対する火の始の寅を撃《う》つ。火の始の寅を撃つ申は、火の旺気としての午も撃つのである。

㈢　正月と馬

昔、江戸ッ子は「火事は江戸の花」といって自慢したという。しかしそれらは彼らの負け惜しみであり、恐怖の裏返しでもあって、実のところ火事はもっとも恐ろしいものだったはずである。

江戸の町には武家屋敷が多かったが、武士に馬は付き物。当然、厩屋も沢山あった。陰陽五行の目を以てすべてがみられていた当時、馬と厩屋の多いこの町は、正に火薬庫を抱《かか》えているように見做されていたに相違ない。くり返しいうように馬（午）は火の旺気だからである。

第26図　奥三河田峯の山の神祭りの紙絵馬
（三番叟猿が駒を曳く。田中義広氏提供写真）

ところでこの馬といい、厩屋といい、これらがいずれも火の象徴であったとしても、それは要するに呪術の「火」であって現実の「火」ではない。呪術の火を抑止するものは現実の水ではなく、同じ呪術の水である。呪術の「火」は、呪術の「水」で抑えるに限る、と為政者達は考えたに相違ない。

馬と厩屋が多く、その結果、常に火をおそれていた江戸の町は、一年のなかでも特に、正月・五月・九月をおそれた。何故かといえば正・五・九は、寅・午・戌に還元されるが、この寅・午・戌は前述のように火の三合であって、三支はすべて火気、取分け正月は前述のように火の始めだからである。五行の理のなかには「水剋火」の理があって、呪術においても現実と同様、水は火に勝つのである。

これらの理由によって火を抑える呪物として撰ばれたのが、水の始めとしての猿である。これは火の始めとしての正月（寅月）において、火気抑止の至上の呪物と考えられ、更に

第27図　東照宮境内唯一の素木造りの建物で神馬の厩。この長押上には馬の疫病を治すという信仰から猿の一生を示す彫刻があるが，なかでもここに掲げた三猿が「見ざる・言わざる・聞かざる」といって有名である。（大滝晴子氏提供写真）

それは火の旺気としての馬を抑える呪物でもあった。

猿屋が厩屋《うまや》祈禱《ぎとう》を行い、馬医として馬を管理し、猿を舞わせて市中を廻ったのは、水の始めとしての猿、寅に対中する申として、火を抑えるその強力な呪力を買われてのことである。

こうして江戸時代には、火のはじめとしての正月はもちろん、火の旺気としての旧五月午月にも、火の墓気としての旧九月戌月にも火気抑止の呪力を以て、猿廻しはこの正・五・九に市中をまわったのである。

馬よりもはるかに弱少な猿が、呪術の世界では常に馬に勝《まさ》り、奉納の絵馬のなかでは猿が馬を牽《ひ》き、馬を牽制している。神社の厩舎に猿が彫刻されるのも同じ理由で、火伏せの呪術としてのことである。

日光東照宮の神馬厩舎の猿の彫刻は、数ある中でも名作として聞えているが、その縁由は要するに火伏せの呪術である（第27図参照）。

第四節　対洪水呪術——野田・三つ堀香取神社の泥祭りを中心に——

(一)　泥祭りの概略

(1)　名称の由来

千葉県東葛飾郡福田村三堀の香取神社例祭は、旧暦三月初午の日に斎行、「泥祭り」または別名「オオハラクチ」として知られている。現行は四月三日である。

『利根川図志』によれば、

「昔、利根川の洪水で、ウロのある木材が流れてきた。人々は十分腹拵えをしてこの材を引き上げ、これを産土神として祀った。その時のはやし言葉『オオ腹クチイナ・エンサラホウ』がこの祭りの名称の由来となった。」（要約）

という。

第28図
(田中正明氏提供写真。第29図も同じ)

(2) 祭りの大略

「この大木を引き上げた日を記念して、旧三月初午の日、(現行四月三日の昼) 去年の祭り以後に結婚した初聟をはじめ、総勢二十五、六人の若衆は、頭屋において酒食のもてなしにあずかった後、円錐型の高盛飯を供される。これは食べ切ってしまうことを原則とする。

つづいて子供組も来て、馳走になるが、これに先立って子供らは神社の側《かたわ》ら、利根州畔の十坪ほどの池、(この池はハマとよばれるが)、この池をさらえて清め、池の周囲にボッチとよばれる土の塔を築く(第28図参照)。ボッチの数は十二個。現在は十一個から十六個くらい、大小さまざまである。

当日、子供らは赤い頭巾に紺の半天、白足袋の装束で、早朝から水に浸しておいた椿の枝に泥をつけ、この椿で、神輿や祭列の通る道を祓う。池もさらい、ボッチも築いて、そうして前述のように当宿で饗応にあずかるわけである。それが終ると若衆も子供も、一度帰宅する。

午後三時半、神輿の列は香取神社を出発、先述の池に到着すると、担ぎ手は神輿を池にほうり込む。つづいて池にとび込んだ若衆たちによって、神輿は上下にひっくり返されながら、池の泥中を進む（第29図参照）。この池中をもみながら進む神輿の一団を目がけて、岸の上からは子供達が喚声をあげては、ボッチの泥の塊りを、つかんで投げかける。この泥つぶてに対して若者らは投げられるまま、ぶつけられるままで、何ら抵抗してはならないのである。こうした中で神輿は池の隅に辿りつき、引き上げられ、若衆もはい上る。その間にも泥のつぶては容赦なく、ぶつけられる。こうしたことが都合、三回くり返され、最後にこの一団は、利根川に行って神輿を洗い、自分らの身体も清めるが、若者たちの祭り着の白丁は、泥で赤褐色に染め上げられている。神輿は再びかつがれて、もと来た道を神社に向って還幸する。若衆は自家に帰って風呂に入るが、若者の一部は円福寺に泊るという。」（田中正明『利根川べりの泥かけ祭り』及び萩原竜夫『祭り風土記』より要約）

第29図

㈡　泥祭りの要点

- これは利根川沿いの村の祭りであるが、利根川は「坂東太郎」と俗にいわれる大河。
- 神輿の神体はウロのあいた材木。現在は木製の擬宝珠。

●この神輿は泥の池中で泥の洗礼を受ける。

●担《かつ》ぎ手の若衆もまた泥まみれにされる。

●若衆に泥を投げるのは男童（小学生）。

●つまりこの祭りは若衆対男童の行事であり、しかも男童の一方的な泥つぶて攻撃に終始している。それに対し、泥を浴びる側は何の抵抗も許されてはいない。

●男童の泥つぶてには、何かを徹底的に制圧しようとする意図がこめられているようである。

●祭時は、旧辰月午日申刻。

(三) 泥祭りの意味

利根川に沿うこの小村にとって、その最大関心事はつねに治水にあった。この大河の豊かな水は、民生を支える一方において、一度び溢れ出る時には瞬時にして人々の生活を狂わせてしまう脅威をはらんでいた。

この視点に立てば、この祭りの主目的は、その水量の増すこの時期からみても水を抑えることにしぼられよう。陰陽五行の理によれば、「土剋水」の法則によって、水を抑えるものは「土」である。

この祭りにおいて、終始、活躍しているものは男童によって投げられる泥のつぶてであって・

先にみたように上から盛んに投げられてくる泥に対し、屈強の若者達が、完全な無抵抗を強いられている。泥土を浴せられるほど不愉快なことはないが、ここでは男の子と泥土の独壇場であって、神事の名において日常性の常識では考えられないことがまかり通っている。土に対するこれほどの厚遇の背後にあるものは陰陽五行の理を措《お》いては、ないのではなかろうか。

『易』によれば、乾坤（天地）に六子ありとされる。六子とは、長男・中男・小男・長女・中女・小女、を指す。

それらのなかで、

中男　☵　坎、水（水気）

小男　☶　艮、山（土気）

である。そこでこの祭りにおける

●新婚及び若衆は、中男（水気）

●男童（小学生）は、小男（土気）

と推測される。

そこで水や穴（坎）を象徴する新婚・若衆は、ハマとよばれる池（穴）に入り、これに向って男童らは岸辺の高みから盛んに泥を投げるのである。

「男童対若衆」の関係は、「土対水」の関係におきかえることができる。そうして「土」と「水」の両者間にあるのは、「土剋水」の相剋関係のみであって、「土」は「水」に勝つのである。

この祭りにおいて、子供組が異常に重視され、神事の主要場面が、男童による一方的な泥合戦に終始していることは多くの先学によって謎とされている。しかしここに陰陽五行の理を導入して考察すればこの神事が、「土」を象徴する男童による「水」の制圧を目指す呪術であることは明白となる。

次にこの祭りの時期であるが、ここにも「現実の時」と、「呪術の時」の二面が考えられる。つまり現実に春四月から五月は利根川の水量が増す時で、このような時節に洪水制圧の祭りが執り行われるのは正に時宜に適《かな》っているといえよう。

また一方、呪術的にみれば、「辰月《たつのつき》」は土用を含む土気の季《とき》であり、土気象徴の月である。祭り執行の時間は午後三時から五時であるがこれは「申刻《さるのこく》」。「申《さる》」は「申子辰」の水の三合において「水の始め」である。

そこで先の若衆対男童のなかに土対水の二元がみられたと同様に、祭りの時間のなかにも土対水の構造がみられ、土で水を抑えるこの祭りの狙いが重層的にくり返されている形である。

この「くり返し」こそ日本の呪術の特色であって、肌理こまかく何事にも完璧を期する日本人の心情の表出が此処にもうかがわれるのである。

なおこの祭りの古儀によれば、祭日は辰月の初午の日だったという。

「午」は十干では「丁」（ひのと）で、火気である。火は「火生土」で土気を生ずるもの、土気を扶《たす》けるものである。そこで土がさかんに水と戦い、土が水を制圧するこの祭りにおいて、火はこの土を扶ける蔭の援護者ということができる。

「土剋水」といって、土は水に勝つものであるとはいっても、多量の水を抑圧する土気は衰え疲れ果てる。そこでその土気の助っ人となるのが火気であって、午日撰用はその意味であろう。

泥土を投げつづける男の子らの冠りものは赤頭巾であるが、午と火を象徴するこの赤色の頭巾は、土気の助っ人としての火気を意味するものとして受け取られる。

(四) 土気のご神体（廃材がご神体となること）

『利根川図志』によれば、当初、この祭りのご神体は、利根川の洪水の際に流れてきた一つのウロの入った流木だったという。

ウロの入った材は朽木で、生命のない木、人でいえば死体である。陰陽五行において死を意味するもの、死体、廃物、廃材などはすべて土気である。

恐らくウロの入った流木は廃材として、その土気故に洪水を抑圧する呪物として引き上げられ、大河に臨む神社の神体となって祀られたものであろう。

なお各地の泥かけ祭りは、それぞれの意味があり、泥かけ祭りすべてが対洪水呪術ということはできない。

第五節　対風呪術

(一)　対風呪術資料

強風のとき鎌を家屋の棟や、竿のテッペンなどに立てるのは、東北、関東地方に広範囲にわたって見られた習俗であるが、ことに信州諏訪では「薙鎌《ないがま》」ということがあった。

そうした風の鎮祭、風送りについて、まず資料を見、次に何故このようなことをするのか、その理由を探りたいと思う。

第30図　薙鎌
(『諏訪史』巻一より)

〔1〕「ナイガマ。信州諏訪の信仰に伴う古くからの式で、木に鎌を打込むものである。時として老木の幹から異形の刃物が現れることがあるのはこのためである（第30図参照）。諏訪神社では春秋の遷座祭の行列の先に薙鎌をもつものが二人あり、六年一度の

御柱祭のとき、山造りの役は、御柱用材に薙鎌を打込む式をする。諏訪信仰の及ぶところ、遠く鹿児島県肝属郡百引村でも、薙鎌とはいわぬが、唐鎌の神に対して旧八月二十八日に刃をつけぬ鎌四本を献じ、二本は社に献じ、二本は境内のひとつばの木に打ちつける。……後略」

（『綜合日本民俗語彙』巻三）

〔2〕「カゼキリカマ（第31図参照）。風切鎌。強風が吹いてくると、草刈鎌を屋根の上とか竿の先に縛りつける習俗。東北から中国地方にかけてひろく分布するが、こうすると風は弱ると伝え、鎌に血がついていたという故老談もある。強風を何者かのしわざと考えていたのである。」

（同書巻二）

〔3〕「カザガエシ。長野県上伊那郡では、板屋のヤナムネの端に載せる組木を風切りといって、千木のような飾りをしている。カザキリカマと称して木の鎌形のものを風除けの呪いに取付けたのは、他にも多い例である。佐渡でカザガエシというのは破風のことである。隠岐でも屋根の左右のはしに打ちつけた板を風返しという。」

（右に同じ）

第31図　カゼキリカマ
（長野県。『綜合日本民俗語彙』巻一より）

〔4〕「カザアナフタギ。風穴塞ぎ。栃木県阿蘇郡の風宮の近くに、二個の横穴があるが土地の人はこれを風穴という。

旧四月と七月の四日のカゼマツリの日に、大きな餅をつくってその穴に供える。こうして風穴塞ぎをすれば、悪風を追い納め、再び出ないようにするのだという。」
(右に同じ)

〔5〕「カゼアナフタギ。
旧七月二十日の行事を岩手県東磐井郡の一部ではこう呼ぶが、二百十日の前祭りであるといい、丸い物をつくって、家の神々に上げることにしている。」

(右に同じ)

〔6〕「カゼサダメ。福井県三方郡西田村で、旧二・六・十月の二十日をいう。この日の風が巽だとその年は風が多く、北西だと雪が深い、という。」
(右に同じ)

〔7〕「カゼマツリ。風祭り。新潟県東蒲原郡東川村で、六月二十七日の行事。朝食前に部落中のものが村外れに集り、縄をなって高さ一尺位のサブロウ堂をつくり、お神酒をあげコウセンを供える。長野県北安曇郡の各村で、春彼岸の中日に行う風祭りは、藁人形に紙の衣服を着けさせて送るものである。人の身体にふれさせるというから咳気の方の風をいうものか。」
(右に同じ)

〔8〕「カゼノサブロウ。風の三郎。新潟・福島両村などには風の神をこの名で呼んでいるところがある。新潟県東蒲原郡太田村では、旧六月二十七日に風の三郎の祭りをする。朝早く村の入口に吹きとばされそうな小屋をつくる。それを通行人に打ちこわしてもらって風に吹きとばされたことにし、風の神に村を除けて通ってもらうことを祈る。この村では風の神を新羅三郎義光だという者がいる。隣の部落石畑でも、同様の小屋を三郎山という山の頂上につくる。この辺では風が吹くと子供達が「風の三郎さま、よそ吹いてたもれ」と声をそろえて唱える。」
(右に同じ)

(二) 対風呪術の特殊性

以上挙げた八例でも明白なように、日本歳時習俗のなかで、風にかかわるものはその殆どが風の鎮静をはかることを目的としている。

同じ自然現象を対象とする祈願でも、それが日照降雨の場合は、一方的に祈願することは出来ない。日照を無暗に乞えば旱魃となり、降雨を祈願しつづければ、それは洪水をひきおこしかねない。日照は火に、降雨は水に還元されるが、この火と水の祈願は、いずれも適量が希求される。むろん旱魃がつづけば降雨を、降雨が続けば日照止雨が祈願されるが、平常時にあっては、水と火に関する限り、その適量と、両者間のバランスが祈求されるのである。

ところが風に対する祈りは全くこれと異なる。船乗りとか、或いはまた元寇のような非常時を除いては、風への祈願は専らその鎮静であって、適量とかバランスなどというものはない。従って風に対する祈願は複雑ではなく、一にも二にもその鎮静化をはかるものなのである。

その結果、風祭呪術は簡単なはずなのであるが、実はこれがかなり複雑でその解明は容易ではない。

ここに挙げた八例でも、風の鎮静化をはかる意図においてはすべて一致しているけれども、その手段に至ってはまちまちである。そこで便宜上、これらの資料を三つに分類する。

(1) 風鎮め（風の抑圧）

(2)風封じ
(3)風送り

「風」資料分類表

(1)	風鎮め	風と鎌	風と木	風と諏訪
(2)	風鎮め	風と鎌		
(3)	風鎮め	風と鎌		
(4)	風封じ	旧四・七月		栃木県阿蘇郡
(5)	風封じ	七月		岩手県東磐井郡
(6)	風送り	旧二・六・十月		福井県三方郡
(7)	風送り	二・六月		新潟県東蒲原郡 長野県北安曇郡
(8)	風送り	六月		新潟県東蒲原郡

前述のように対風呪術は簡単のようで、その内容はかなり複雑である。つまり同じ風送りでもそれを「時日」即ち「時間」でする場合と、「物」即ち「呪物」を使って行っている場合がある。

㈢　対風呪術資料の考察

一　風鎮め（風の抑圧）――資料〔1〕〔2〕〔3〕の考察――

「風の抑圧」といえば言葉の響きは柔らかいが、それは風を殺すこと、つまり風の「剋殺・撃攘《げきじよう》」を意味しているのである。

風は前述のように火や水とちがってバランスをはかることを必要としない。大風・強風・台風などそのいずれをとってみても、ただ一方的にこれを鎮め、剋殺すればいいのである。

冒頭に挙げた資料、〔1〕〔2〕〔3〕は、すべてこの風の抑圧、剋殺のための呪術と解されるが、その考察に入るに先立って、これらを一応要約する。

「ナイガマとは信州諏訪地方にある古い風習で木に鎌を打ち込むことである。薙鎌は神幣にもなり、祭行列の先頭に今も立つ。

風切鎌・風返しは草刈鎌を強風時に屋根に立てる。或いは屋根に打ちつける板をいう。」

(1) 五行における風の特質

風とは大気の流れであるが、それは何処からとも知らず来《きた》り、また何処ともなく去って行くものである。そこで風はすこぶる「長い」ものとして捉えられた。

次にこのような風は、山と山の間の谷、堅い岩の隙間、というように大自然のなかはもちろん、ささやかな家屋の隅々まで空《あ》いているところがあればどこまでも入って行く。換言すれば「到達」するのである。

そこで風の特質は「長いもの」「到達するもの」ということになる。

ところで陰陽五行において、風は「木気」である。さらに厳密にいえば「風」は、四緑木気、方位は、東南・巽（辰巳）に属す。この四緑木気、東南・巽によって象徴されるもの、つまり風の仲間になるものは、

●蛇・髪・反物など長いもの、また事象は、

●交際・世間・到達

などである。

(2)　木に鎌が打ち込まれる理由《わけ》

五行において「風」は「木気」。つまり風はすなわち木、であって、風と木は密接に関わりあう。くり返しいうように五行の相剋の法則のなかに「金剋木《きんこくもく》」があり、木は金気によって剋し傷めつけられる。金気は金属、刃物に通ずる。

そこで木気の風を撃つ最上の手段は金気を以て、風を剋することである。

木、すなわち風、

金、すなわち鎌、

である以上、風祭呪術として、金気の鎌が、風に見立てられた木のなかに打ち込まれることになる。

天武・持統朝の白鳳期は中国の哲理を背景とする呪術の最盛期であった。諏訪において古木に打ち込まれた鎌のなかに白鳳の銘の入ったものがあるというが、この事実は風祭呪術における「金剋木」の理の応用として受取られるわけである。

つぎに金属の刃物のなかでも特に鎌が撰ばれた理由を私は以下のように推理する。

①手近に得られ、大きさも程よいということ。

②蛇と風は同じ木気である。ということはつまり、「蛇すなわち風」であるが、鎌はこの蛇の

首と形が相似である。鎌首を同じように抬《もた》げ合うものならば、互いによく戦い、その際、木気の蛇、つまり風は、金気の鎌に当然、負けるから、金気のなかでも「鎌」が風を撃《う》つのに最適の呪物と考えられた結果であろう。

資料〔2〕の「鎌に血がついている」というのは、蛇を風に見立てている証拠であって、この古老談の背後にあるものは、「風としての蛇と、金気の鎌との死闘」ということであろう。

(3) 「風祝《かぜのはふり》」の本質

諏訪地方の風祭呪術における金気の鎌は、風に見立てられた木、同じく風に見立てられた蛇を剋することによって風を剋殺すべき重要な呪物であった。この鎌を特に薙鎌《ないがま》といったのは、風に見立てられた木に打込まれ、この木を傷《いた》めることによって風を剋し鎮《しず》めなだめる呪物だったからである。しかし風に見立てられたものは、他にもあった。しかもそれは正真正銘の人であって、諏訪神社に古く置かれていた「風祝《かぜのはふり》」と呼ばれた一種の物忌役であった。

藤原俊頼の歌に、

●信濃なるきそちの桜咲きにけり風の祝にすきまあらすな

という歌がある。藤原清輔(平安末期の歌人)はこの歌を評釈し(『袋草紙』)、「風祝」を次のように説明している。

「信濃は風が大へんに強く吹くところである。そこで諏訪神社では、「風の祝」というものをおき、春の始めに、百日間、日光にも当てず、ふかくこもり、つつしませる。そうすればこの年中、風も吹かず豊穣が期待出来るが、もしこの物忌みに隙があって、完全でないと、風がおさまらない。この歌はつまり「風の祝」が懈怠なく物忌みをして、桜を散らさぬようしてくれ、ということになる。」(要約)

この藤原清輔の「風祝」の解説、或いは見解に対し、宮地直一博士はその著『諏訪史』において大要次のように述べている。

「諏訪神社の風祝は、いわば一種の風神の象徴であり、これを百日間、押込め脅迫することは、それによって風の鎮静化をはかる呪術として受取られる。しかし諏訪の地形、気象からみて、この地に格別烈風が吹くことは考えられない。恐らく風神は関東一円の古い信仰で、それが諏訪に吸収され、歌枕にまでなったものであろう。」

私見によれば宮地説の「風祝は風神の象徴で、これを脅迫することにより風の鎮静化をはかる呪術である」という点、また「諏訪の地に烈風の吹く証《あかし》はない」といわれる点も同意見である。しかし次の「関東一円の古い信仰が諏訪に吸収された」との意見には反対である。

つまり風の祝は諏訪神社なればこそ設けられた呪術的制度であり、そのためにこの制度が風鎮静の呪術になり得たのである。この諏訪神社の風神折伏が関東一円、時には遠隔地にまで拡がったので、諏訪に風が吹く吹かないはこの制度がおかれた当初から問題ではなかった、と私は考える。

それでは何故、「風祝」は諏訪社に限っておかれ、諏訪が現実には格別に風の吹き荒れるところではないのに、祭神の依代として風祝がおかれ、風鎮静の呪術の本場とされたのだろうか。

それには諏訪祭神の本質を見究めることが必要である。

（4）　諏訪明神の本質

先に風は木気に所属し、蛇もまた木気であって、風と蛇は木気を媒《なかだ》ちとして結ばれると考察した。そこでもし諏訪明神の本体が蛇神であるならば、諏訪神は同時に風神のはずであり、風を象徴する「風祝」が祭神の依代として諏訪の社に限っておかれても少しもふしぎではない。問題は諏訪明神が蛇神か否かである。

諏訪考古学研究所長、宮坂光昭氏はその『諏訪神社とその祭り』のなかで大要次のように述べておられる。

「諏訪大祝《おおほうり》の祖、諏訪明神は出雲族といわれ、諏訪に入るに際し、土着の洩矢神《もりやのかみ》と戦ってこれを降した。侵入者の明神は、後に諏訪姓を名乗り、大祝として政治を掌握し、被征服者の洩矢神は、守矢氏として、その信奉するミシヤグチ神を統率して祭祀者となり、大祝に仕えて来た。諏訪祭政の基礎を支える大御立座神事《おおみたてましんじ》は、この大祝と神長官守矢氏によって、巨大な藁製の神蛇のこもる縄文式仮屋の中で、毎年、元旦の深夜から行なわれる秘儀であった。ついで元日朝、本社鳥居の前で、凍った川から蛙が掘り出され、明神への初贄《はつにえ》とした。古来、諏訪神社のご神体は、タケミナカタノ命を知らない人でも、蛇体であるということは知っている。……」（傍点引用者）

明神の後裔、諏訪大祝と、神長官の守矢氏によって行われる秘儀は、巨大な藁製の神蛇の前においてである。おそらくこの蛇こそ、ミシヤグチ神であり、「ミシヤグチ」とは「赤蛇《しゃくち》」の尊称であろうと私は推測する（拙著『蛇』、全集第四巻所収をご参照頂ければ幸いである）。

この諏訪明神の後裔、あるいは化身とされる諏訪大祝の即位式は、鶏冠《かえで》、つまり楓樹の下で行われたという。楓は古来、中国では風伯、風の神の宿る木とされている。
蛇神の諏訪明神は、風神なのである。

(5) 蛇神・諏訪明神の依代としての「風祝」

そこで風神の依代としての風祝が諏訪明神社に設けられたわけであるが、これは単に諏訪という一地方における一神社の一制度ではなく、恐らく中央政府の意図による国家的の設けであり、制度であったと推測される。

日本地図を真二つに折りたたんでみればよくわかることであるが、諏訪湖は日本国土畧《ほぼ》中央の湖であり、その湖畔に鎮座の諏訪明神は国土中央の蛇神であり、風神である。

その社の祭神の依代、「風祝」を春、百日間、押し籠めることによって、天下の風は悉く折伏《しやくふく》せられ、鎮静すると考えられてのことだったに相違ない。

春は木気のもっとも盛大な季《とき》である。そのようなときに百日間、風祝を監禁することは、風鎮静のため最も有効適切な手段とされたのであった。

以上が中央政府の手によって「風祝」が定められたと推測する理由である。

(6) 風と諏訪と正史

中央政府が諏訪に対してもっていたこのような考えを、現実に裏付ける資料として、正史の次の記事がある。

『持統紀』五年八月二十五日条

「遣㆘㆓使者㆒祭㆗竜田風神、信濃須波水内等神㆖ヲ」

持統五年は天候不順で旧四月から六月まで長雨が続き、しかも六月には首都及びその隣接の国々に氷雨が降った。このため各官庁役人には酒の類を禁じ行いを反省させ、京畿の諸寺には五日間の誦経を命じ、盗賊以外のものに対して大赦が布告された。

持統五年の夏はこのようにして過ぎた。やがて二百十日も近く、台風季節となる。旧七月甲申日には使いを派して竜田風神・広瀬大忌神に対して例年のように奉幣があった。

しかしこの年、持統五年八月には、七月の奉幣につづいて、八月にも竜田風神および諏訪神に奉幣されたのである。

七月に続く八月奉幣も異例なら、地方神の諏訪神への奉幣もまた尋常ではなかった。

天候不順という背景があり、台風の追討ちを恐れてのことには相違ないが、それならば畿内の竜田風神を祭れば、それで十分ではなかろうか。まったく違例の諏訪神奉斎は、諏訪神が国土中央の神、しかも風神として認められていたからにほかならない。

そうしてこの奉幣が台風の畏怖に基づいているものであることは、この祭祀の日取、月日が雄弁に物語ってくれるのである。

持統五年八月二十三日を干支で記せば、

持統五年酉月《とりのつき》辛酉《かのととり》日、である。

くり返しいうように「酉《とり》」は金気の正位、「辛《かのと》」もまた十干における金気の正位である。

持統五年八月二十三日は、天干・地支ともに金気で、しかも「酉」は金気のもっともさかんな旺気なのである。

一方、竜田風神と諏訪風神はともに木気の神々である。このような木気の神々に対し、金気月金気日ほど強烈な剋気を発揮するものはない。

諏訪神に対する持統五年八月のこの奉幣は今日もなお謎として問題とされている。

しかしこの年の異常気象と、酉月辛酉日という日取り、つまり月も日もおしなべて金気の正位に当ること、金気の強力なかたまりともいうべき月日が撰用されている祭祀であることを考え合せれば、これを「金剋木」の相剋の理による風神の折伏《しゃくふく》と推測せざるを得ないのである。

つまりこれは祭りの名の蔭にかくれて、実は強《したた》かに風を撃攘しているのであり、風神に対する奉幣とは、祭りに名を借りた「折伏」なのである。

二　風封じ

(1) 天武朝における風封じ

天武 四 年四月癸未日。祠リ㆓風神于竜田立野㆒。祭㆓大忌神於広瀬河曲㆒。

五 年四月辛丑日。祭㆓竜田風神。広瀬大忌神㆒。

〃 七月壬午日。祭㆓竜田風神。広瀬大忌神㆒。

六 年七月癸亥日。祭㆓竜田風神。広瀬大忌神㆒。

八 年四月巳未日。祭㆓広瀬竜田神㆒。

〃　七月壬辰日。祭二広瀬竜田神一。
九　年四月甲寅日。祭二広瀬竜田神一。
〃　七月辛巳日。祭二広瀬竜田神一。
十　年四月庚子日。祭二広瀬竜田神一。
〃　七月丁丑日。祭二広瀬竜田神一。
十一年四月辛未日。祭二広瀬竜田神一。
〃　七月壬寅日。祭二広瀬竜田神一。
十二年四月戊寅日。祭二広瀬竜田神一。
〃　七月乙巳日。祭二広瀬竜田神一。
十三年四月甲子日。祭二広瀬大忌神。竜田風神一。
〃　七月戊午日。祭二広瀬竜田神一。
十四年四月丁亥日。祭二広瀬竜田神一。
〃　七月乙丑日。祭二広瀬竜田神一。

(2) 持統朝における風封じ

持統　四　年四月己酉日。遣レ使祭三広瀬大忌神与二竜田風神一。
〃　七月癸巳日。遣二使者一祭三広瀬大忌神与二竜田風神一。
五　年四月辛亥日。遣二使者一祭三広瀬大忌神与二竜田風神一。

〃　七月甲申日。遣二使者一祭三広瀬大忌神与二竜田風神一。
〃　八月辛酉日。遣下二使者一祭中竜田風神信濃須波水内等神上一。
六　年四月甲寅日。遣二使者一祀三広瀬大忌神与二竜田風神一。
〃　七月甲辰日。遣使者祀三広瀬与二竜田一。
七　年四月丙子日。遣二大夫謁者一詣二諸社一祈雨、又遣使者祀三広瀬大忌神与二竜田風神一。
〃　七月己亥日。遣使者祀三広瀬大忌神与二竜田風神一。
八　年四月丙寅日。遣二使者一祀三広瀬大忌神与二竜田風神一。
〃　七月丁酉日。遣二使者一祀三広瀬大忌神与二竜田風神一。
九　年四月丙戌日。遣二使者一祀三広瀬大忌神与二竜田風神一。
〃　七月戊辰日。遣二使者一祀三広瀬大忌神与二竜田風神一。
十　年四月辛巳日。遣二使者一祀三広瀬大忌神与二竜田風神一。
〃　七月戊申日。遣二使者一祀三広瀬大忌神与二竜田風神一。
十一年四月己卯日。遣二使者一祀三広瀬与二竜田一。
〃　七月丙午日。遣二使者一祀三広瀬与二竜田一。

(3)　民間の風封じ――資料〔4〕〔5〕について

前掲の表で明らかなように、天武・持統両朝において、竜田風神は毎年、必ず四月・七月の両度に奉斎されている。天武七年はその記事を欠くが、それは十市皇女の急逝であらゆる神祭を停止されたためであろう。また持統五年の例外的な八月風祭については先に既述した通りである。四月・七月が正確に一セットとなって風の祭り月となっていることは注目に価いする。そればかりではない。この四月・七月の組合せが、はるか遠く時・処を距てて、今日の日本各地の民俗のなかの風祭りにもみられる事実は更に注目させられるのである。つまり、資料〔4〕〔5〕にみられるように「カザアナフタギ」のような名称のもとに各地でこの組合せによる風祭りが現存している。

そこでこの組合せの背後にあるものの探究が必要となるわけである。

(4) 巳・申セットの意味するもの

四月は「巳」、七月は「申」である。そこで「巳」と「申」の性情をみると、次のことがわかる。

「巳」は火気の始(第32図参照)、三合においては金気の始(第33図参照)。

「申」は金気の始(第32図参照)、三合においては水気の始(第33図参照)。

巳・申に共通するものは、方局と三合の違いはあるが、それぞれ、金気の始ということ。

次に、巳は火の方局において火の始、

申は水の三合において水の始、

ということである。なお、巳・申の間には支合して水気に化するということもあるが、この場合その考察は省略する。

以上が「巳」と「申」の性情である。

そこで、巳・申セットの呪術の意図するところは、まず両者に共通する金気で風を封じ、一方、

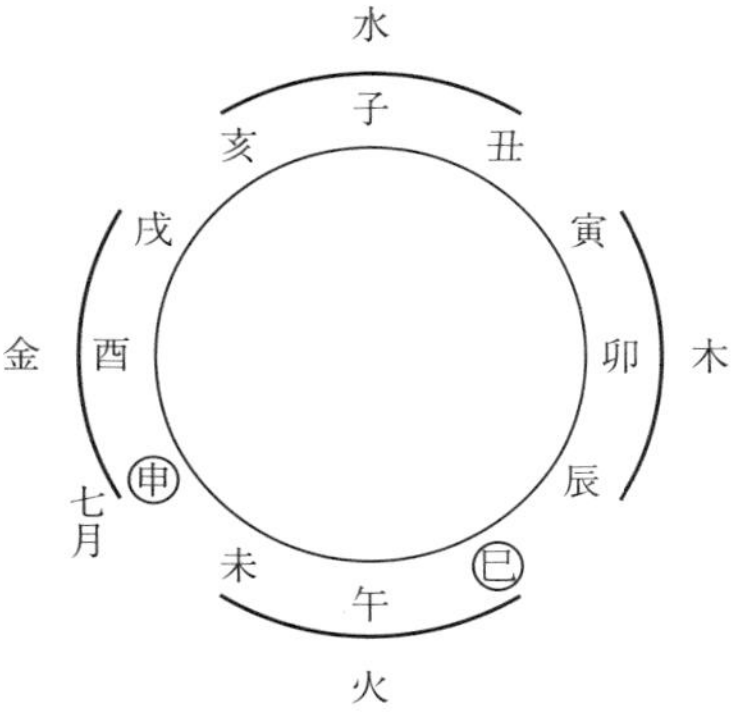

第32図　方局の図
火気の方局（巳・午・未）　巳は火の生気
金気の方局（申・酉・戌）　申は金の生気

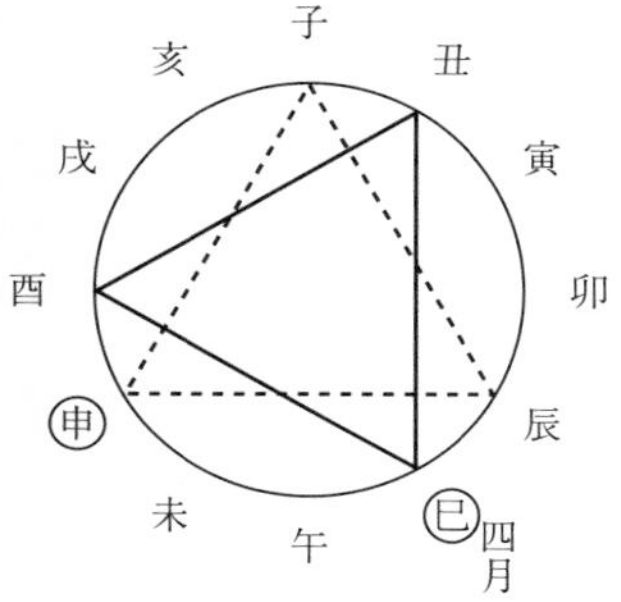

第33図　三合の図
金気の三合（巳・酉・丑）
巳は金気の始
水気の三合（申・子・辰）
申は水気の始

「巳」の火と、「申」の水により、火（日照）・水（降雨）のバランスをはかることにあった。風の鎮静に加え、日照降雨のバランスがあれば五穀豊穣は疑いなしである。民生安定の根本的条件として必要不可欠な風・水・火の調和。その調和への呪術として四月・七月の竜田・広瀬神祭祀は、天武・持統両朝にあっては、必ず正史に記載して残されるべき国家的大祭だったのである。

(5)　朝廷祭祀と民間行事の一致

天武・持統朝における風祭りの巳・申月撰用は、おどろくべきことにはるかな時・処を距ててなお今日の風祭り民俗のなかに同一の現象がみられるのである。

つまり資料〔4〕〔5〕にみられるように、「カザアナフタギ」のような名称で、各地にこの組合せによる風祭りが現存している。

資料〔4〕〔5〕にみられるこの民間歳時習俗には四月・

七月の組合せのほか、供え物としてつくられる餅などにも金気が隠されている。

「カザアナフタギ。旧四月と七月のカゼマツリの日に、大きな餅をつくって、風宮の風穴に供える。」（栃木県阿蘇郡）

「カゼアナフタギ。旧暦七月二十日の行事。丸いものをつくって家の神々に上げることにしている。」（岩手県東磐井郡）

呪物として大きな餅をつくって供える。

● 六白金気の象徴するものは過分＝大きい
　　　穀粒＝餅
　　白色＝餅の色。

呪物として丸いものをつくって供える。

● 六白金気の象徴するものに丸い、がある。

このように民間の風祭にも四月・七月の組合せのほか、呪物のなかに隠された金気があり、それらの金気によって風神剋殺が意図されているのである。

三　風送り

(1)　資料〔6〕〔7〕〔8〕の考察

以上挙げて来た諸例はすべて四月・七月の組合せをはじめとして「金剋木」の理による風神剋殺であった。

しかし〔6〕〔7〕〔8〕はそれとは異なり、木気の三合の理を使って、風を送り出してしまおうという呪術である。

木気は、亥（十月）に生じ、　（生）
　卯（二月）に壮んに、　（旺）
　未（六月）に死ぬ。　（墓）

そこでこのことを念頭において、〔6〕〔7〕〔8〕の祭月を見ると二・六・十月の組合せか、或いは六月である。

カゼサダメ…………二月・六月・十月
カゼマツリ…………六月
カゼノサブロウ………六月

これを十二支に還元すると次のようになる。

カゼサダメ…………卯月・未月・亥月
カゼマツリ…………未月
カゼノサブロウ………未月

(2)　風の三郎

第一章の三合の法則図（五〇頁第10図）の(3)にみられるように、亥・卯・未は、「木気の三合」である。

これら三例中、共通してあるものは「未」（六月）である。「未」が三例に共通して顔をみせている理由は、この「未」が木気（この場合は風）の「墓《ぼ》」、つまり「死」に相当するからである。風送りに木気三合の三番目、墓気の「未」「死気」が撰用されるのは当然であって、カゼノサブロウ（風の三郎）とは、

「木気三合における三番目、墓気の未《ひつじ》」

を擬人化した名称にほかならない。

木気三合の三番目は、木気の「墓」であり、「死」であるから「風の三郎」が風送りに登場するのである。

「風の三郎様、よそ吹いてたもれ」と子供達が唱《うた》い囃《はや》すことによって、風は一層、早く退散し、死に追いやられる、という考えがここにみられる。

宮沢賢治の『風の又三郎』の背後にあるものは「新潟・東北地方にひろく伝承されている風の三郎という風の神である」ことは一般に知られている。しかしそれでは何故、風神、それも六月に祀られる風が、風の三郎といわれるのか、その理由は不明である。

陰陽五行における木気の風、および「木気の三合」の理を組み合せたとき、この謎ははじめてしかもきわめて簡単に解けるのである。

第四章　陰陽五行とくらしの民俗

第一節　正月と盆

はじめに

正月と盆は日本の祭りや歳時習俗の中で、最も重んじられる行事としてうけつがれて来た。「正月」は祖霊や歳神を迎える神祭り、「盆」は亡くなった先祖、つまり仏様を迎える仏事である。こうして神仏を祀る行事のために、誰もが平素の仕事を休み、生家・故郷に帰り、神仏と同じようにご馳走にあずかることにもなるので、一昔《ひとむかし》前までの日本人は、何かよいことがあると、「盆と正月が一しょに来たようなもの」といって、よろこんだのである。つまり正月と盆は、日本中が祭りにことよせて骨休めをする楽しい折目の時だったといえる。

そうして前述のような正月と盆をよろこぶ古風な言い廻しこそ廃《すた》れてしまったが、正月と盆は今も尚、日本国中の一年の折目節目であることに変りはなく、帰省客の溢れるこの時季の交通事情の様相からもそれは十分に窺われるのである。

正月と盆がこれほどまで一年の折目節目として、日本人のくらしに大きな影響をもつに至ったについては、当然、それなりの理由があるはずである。正月行事は神中心、盆は仏教行事であるから、様々の角度からの検討が必要であるが、ここでは陰陽五行の視点による考察を試みたい。

(一) 寅・申の対立

正月は一月、盆は七月であるが、これを十二支でみれば「寅」「申」となる。

寅・申は「対中」の関係にあるが（第34図参照）、陰陽五行では対中するもの同志の間には、あらゆる意味で「対立」がある。

寅・申間の対立にも大体、次の三種がある。

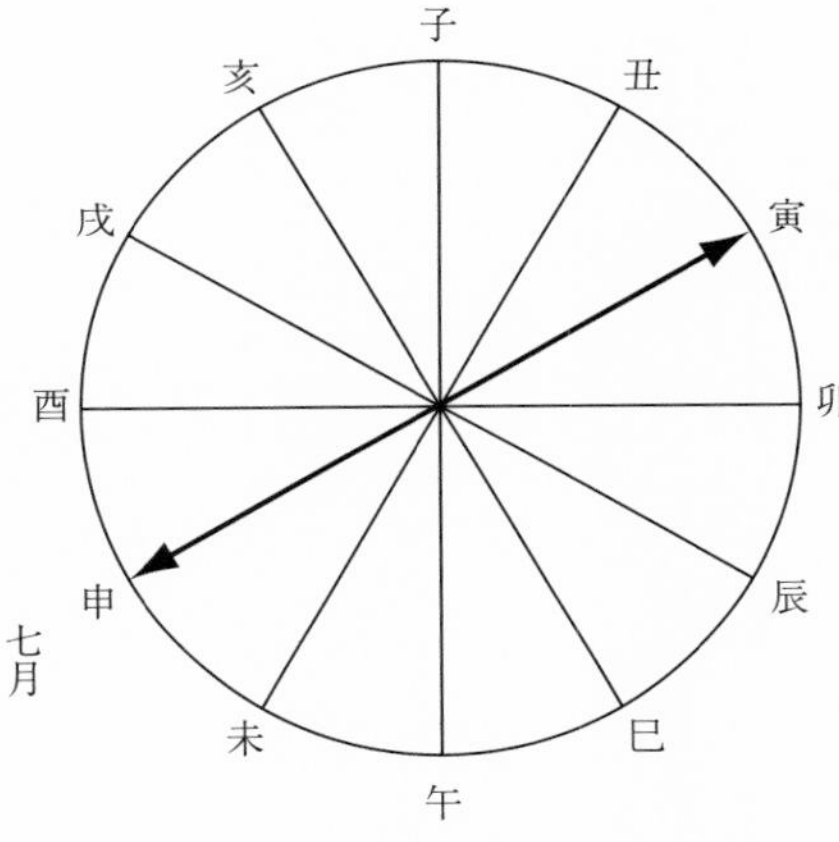

第34図

(1) 方局による対立

寅　木気（春）の始　向陽（第35図参照）

申　金気（秋）の始　向陰（第35図参照）

(2) 三合による対立（第一章五〇頁第10図(2)参照）

寅　火気（夏）の始　陽始

申　水気（冬）の始　陰始

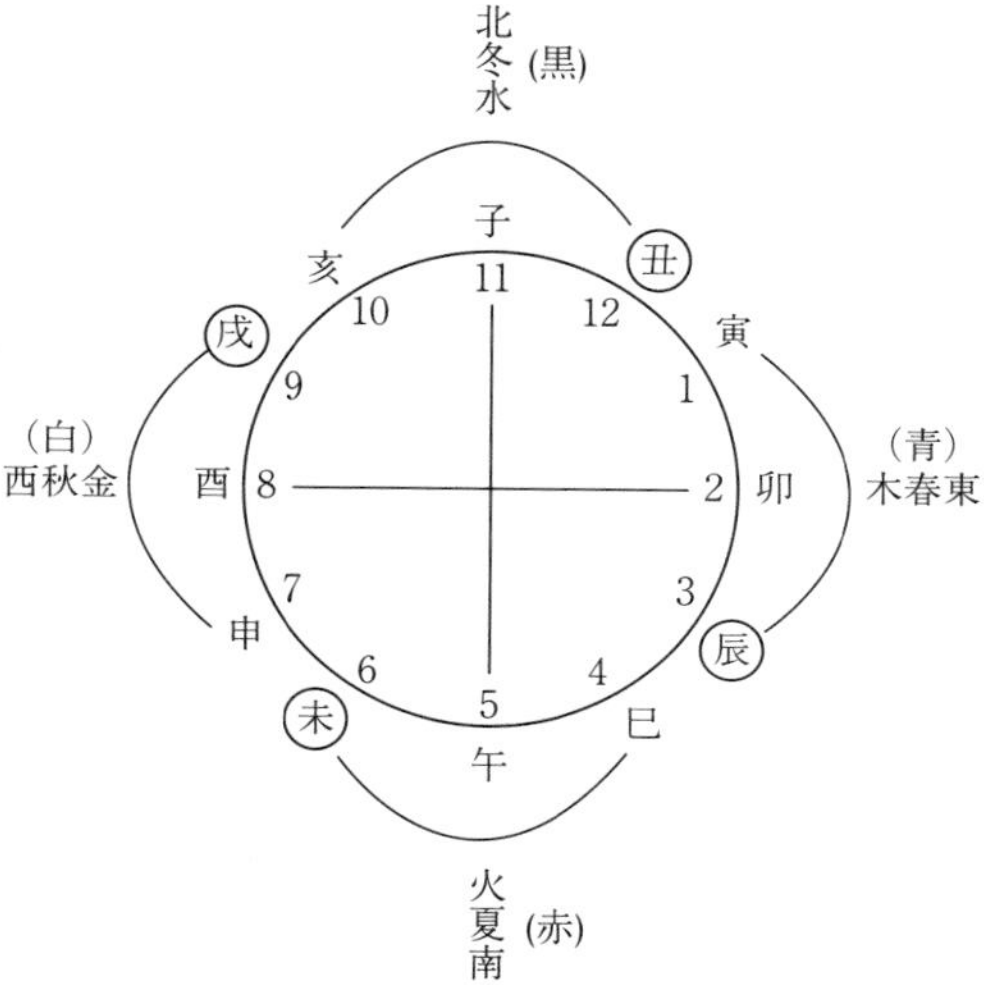

第35図
アラビア数字は旧暦の月を示す
円でかこんだ丑・辰・未・戌は土用の月を示す

当な推移にとって、もっとも必要なことなのである。

(3)　『易』卦にみる対立

（第一章五〇頁第10図(1)参照）

寅　䷊　地天泰（第五章二四九頁）

申　䷋　天地否（第五章二七六頁）

春夏秋冬の四季の循環において、三合の理において、『易』の消息卦において、寅申は歴然として対立している。

この対立する両者が、何故、寅・申、或いは、正月・盆、という一つのセットになって重視されているのだろうか。

実はこの対立関係こそ一年四季の順

(二) 対立と転換（子午軸の重要性）

例を冬至と夏至を結ぶ「子午軸」にとれば、十一月の「子」と、五月の「午」は対立のもっとも激しいものである。冬至における一陽の萌し、と、夏至の一陰の萌し、とは対立の極致である。しかしこの二者によって、一年は反転、或いは転換の契機をつかむことが出来、極まった陽は陰に向い、同様に陰の極みは陽の方向に転ずる。そうしてそのことが万象の生々流転につながり、対立こそは万物の輪廻転生の原点である。

従って、冬至と夏至を結ぶ「子午軸」こそ一年の陰陽を分ける最重要の軸である。

(三) 民俗における寅申軸の優越性

しかし、日本人の年中行事においては、「寅申軸」が「子午軸」にまさるのである。

その理由はまず第一に寅の木気である。本書の各章で述べているように、五行における木気は、稲を含むすべての植物を蔽い、直接に生命の源となるものである。

更にこの木気の寅は、四季の首《はじめ》の春の、そのまた始めであり、一年の始めでもある。三合の理によるときは、火気の始め、或いは土気の終りでもある。

この木気の始めの春、正月を如何に首尾よく迎えるかについて古人は心を砕き、呪術の限りをつくしている。その中でも著しいのが木気を害《そこな》う金気を剋殺することで、その考察が第一章の「迎春呪術」である。

そのほか木気象徴の青色の門松の迎え、或いはトンドなど盛んな火祭りをして、木気の始、火気の始としての正月を祝うのである。

(四) 火と水のバランス（日照・降雨に還元される火と水）

それならば、この重要な「寅」だけを、一年の始めの正月、四季の始めの春、として重視していてよいのか、といえばそうはゆかないのである。陰陽五行は前述のようにバランスをもっとも重視するからである。

●木気・火気の始め、陽始の寅を正月として祀れば、それに対して、

●金気・水気の始め、陰始の申も同等の礼をもって祀るべきなのである。

寅・申の間には、火と水の対立がある。火は日照、水は降雨に還元されるから、日照降雨のバランスの上からいってもこの二者は同等に扱われなければならない。

正月と盆を寅・申におきかえて、陰陽五行からみるとき、両者の背後にはこのような関係が考えられるのである。

正月の火に対し、「申」の月の盆は、水祭り、祖霊祀りである。古代日本人は何彼につけて範を中国に求めていた。その中国では祖霊祭祀はどのように考えられていたのだろうか。

(五) 古代中国の宗廟祭祀

『五行大義《ごぎょうだいぎ》』は隋の蕭吉によって撰された古書であるが、その中に次のような記述がある。

「北方至陰ハ宗廟祭祀ノ象タリ。冬ハ陽ノ始マル所、陰ノ終ル所。終始ハ綱紀ノ時ナリ。死者ノ魂気ハ天ニ上リテ神トナリ、魄気ハ下降シテ鬼トナル。精気散ジテ外ニ在リテ反ラズ。故ニ之ガタメニ宗廟ヲツクリテ以テ散ヲ収ムルナリ。……夫レ聖人ノ徳、又、何ヲ以テカ孝ニ加エン乎《ヤ》。故ニ天子親耕シテ以テ粢盛ヲ供シ、王后親蚕シテ以テ祭服ヲ供スルハ敬ノ至リナリ。敬コレ至レバ則チ鬼神之ニ報ズルニ介福ヲ以テス。此レ水気ヲ順ニス。水気順ナレバ則チソノ性ノ如シ。ソノ性ノ如クナレバ源泉流通、以テ民用ニ利ス。モシ人君、祭祀ヲ廃シ、鬼神ヲ漫《ミダ》リ天ニ逆ラウ時ハ則チ水ソノ性ヲ失ウ。水暴出漂溢没溺、城邑ヲ壊シ、人ノ害ヲナス……。」

ここには、中国哲学における宗廟の意義が残りなく述べられている。

まず、宗廟祭祀は北方陰祀である。何故といえば、北の子の方は陰陽終始のところで、陰陽統一の象をもつ。死者の魂魄というものは、神・鬼となって分離するが、それを収束するところが宗廟である。

宗廟は死者の魂魄統一のところであって、宗廟をよく祀る以上に、孝の徳を顕わすものはない。それ故に天子は親耕して食を供献し、王后は親蚕して祭服を供献するのである。

この至孝に対して鬼神は水徳を以て応報する。もし天子が宗廟祭祀をおろそかにすれば水害は忽ちに至り、水は溢れ奔流して城邑を壊滅させるのである、という。

中国人によれば、宗廟祭祀はすべて陰祀、つまり水によって象徴される北方、子《ね》の方、水の陰祀なのである。

度々引用するが、『五行大義』には、

「寅、陽始トナシ
申、陰始トナス」

とみえている。

日本の盆は七月、申月《さるのつき》十五日の祖霊祭である。

中国における宗廟祭祀が水気の陰祀であるならば、この思想をうけつぐ日本において、陰始とされる「申《さる》」において祖霊が祀られるのはきわめて自然であろう。

「申」はくり返し述べてきたように、水の三合、申・子・辰における生気であり、申における祖霊祭は、直ちに北の子に相応じ、相通ずるのである。

死者に北枕させること、つまり子《ね》の方位をとらせること、墓に水をかけること（水は子《ね》の象徴）など、日本の葬礼に子・北・水がつきまとうのは、中国陰陽五行思想において宗廟―墓が「子」に宛てられていることによる。

北方・子方《ねのかた》が宗廟という中国思想は、そのまま日本において踏襲され、この子を月に執って、子月（旧十一月・霜月）が古代において氏神祭りの月とされたと私は推測する。

そこで、次のことがいえるのではなかろうか。

●子月《ねのつき》（水の旺気）は氏神祭り（神道）
●申月《さるのつき》（水の生気）は盆まつり（仏教）

氏神祭りも盆まつりも共に祖霊にかかわる祭りゆえ、十二支の中でも水に関わりの深い申・子の月が撰用されるのである。

水の始としての申月の「盆」は、古代中国の宗廟祭祀に深く影響されていると思うが、盆の起源、及びその由来については次のように説かれている。

(六) 盆の考察

『斉明紀』三年秋七月十五日条。

「須弥山ノ像《カタ》ヲ飛鳥寺ノ西ニ作リ、且盂蘭盆会《ウラボンエ》ヲ設《モウ》ク。」

同　五年秋七月十五日条。

「群臣ニ詔シテ京内ノ諸寺ニ於テ盂蘭盆経ヲ勤講シテ七世、父母ノメグミニ報ゼシム。」

とみえ、また聖武天皇天平五年七月には、

「始メテ大膳職ヲシテ盂蘭盆ノ供養ヲ修セシム。」

の記事がある。これらは今から約一三〇〇年から一二五〇年前のことであって日本における盆の起源は極めて古く、また明らかに仏教行事であることを示している。

『盂蘭盆経』に説かれているところは、

「仏弟子の目連が、その亡母の餓鬼道における倒懸の苦しみを悲傷したとき、釈尊が、七月十五日に七世の父母に百味の飲食を供養し併せて衆僧にも供養するがよい、と訓《さと》された。」というものである。ウラボンというのが、この倒懸（さかさずり）の音訳ということはひろく知られていることである。

なお七月十五日というのは、四月十五日からはじまる九十日間の僧侶の夏安居《げあんご》が終り、僧が自《じ》恣《し》を得る日でもある。

盆はこのように仏教行事ではあるが、その底にあるものは我国の固有信仰に基づく春秋二度の祖霊を迎え送る行事として理解されている。

しかし私は、ここにも陰陽五行を導入して推理をすれば、さらに盆行事はよく理解されると考える。

要するに「盆」は日本古代信仰における祖霊祭、仏教の盂蘭盆会、陰陽五行思想による宗廟祭祀、この三者の複合であって、しかも表面は全面的に仏教行事としてうけとめられているものといえよう。

(七) 呪術の細分化

日本の年中行事の中で、正月と盆が同等の比重で行なわれるのは、その背後の寅・申の間に本質的の対立、即ち、陽始・陰始及び火・水の対立があるからである。この対立は非常に重要で、これを軸に一年は順調に推移する、と考察したわけであるが、この両者の対立において取分け重要なのは火と水である。この火と水のバランスに対する日本人の熱い祈りが正月と盆の二大行事の所以とさえ思われる。

呪術はそれ自体の中で成長し、より精微・精細に細分化されて行く傾向がある。原点にみられたバランスへの祈求は、より低次元におけるバランス祈求となって、行事を肌理こまかなものへと変化させてゆく。

つまり火の始としての正月には、その未明に「若水汲み」がある。

そこで正月行事におけると全く同様に、盆行事においても、細分化された火と水と、陰と陽とのバランスがみられるのである。

●寅の正月元旦未明に若水迎えがあったように、
●申の盆の十三日夕には門火が焚《た》かれる。

正月の神送りにトンドの火焚きが水辺で行なわれるように、盆の送りは、精霊流しとして、燈籠の火が水に流されてゆく。

なお盆行事の一つとして仏さまの乗物として、茄子や胡瓜で馬がつくられるが、これも恐らく火気の「午《うま》」の象徴であろう。

盆の送りにトンド同様の大火が水辺で焚かれることもあり、沖に出た大きな精霊舟に火をつけてさかんに燃したという地方もある。

「正月と盆行事の間には、符節を合せるような同一性がある」ということは、諸家によって指摘されているところであるが、それはこの両者が共に火と水の調和を主要眼目としているためであって、そこから自然に相似性が生じてくるのである。

おわりに

正月と盆は日本の代表的な年中行事で、その内容も複雑であり、多様の要素から成り立っている。しかしこの正月と盆が陰陽五行では寅申に還元される事実は、多くの要素の中でも極めて重要と思われる。有名な諏訪の御柱祭も七年毎の寅申年の斎行であり、それについては既著で記したのでここには繰返さないが彼此考究の上、詳細は他日にゆずる。

第二節　山の神と田の神――三合の理と作神の輪廻――

(一)　山の神としての「猪」

(1)　倭建命伝承と山の神

「山の神」は古くは蛇だったと思われる。倭建命が伊吹山で出逢った山の神は、『古事記』では白猪となっているが、同じ場面の『日本書紀』の叙述では蛇となっている。また三輪山伝承でもその山の神は蛇であり、秀麗な弧を大空に描く円錐型の著名な山々の主はその殆どが蛇であることからもそれは察し得られるのである。

山の神を猪とするのは、その大半が陰陽五行思想導入による新しい解釈に立脚してのことと思われる。したがって猪を山の神とする『古事記』の倭建命伝承には五行思想の影響が著しい。その推理に当っては、まず『古事記』の記述の概略をのべる必要があろう。

「伊吹山の神を素手でとろうとして、倭建命は姨《おば》の倭姫親授の神剣、草薙剣を美夜受姫の許において山の神退治に赴く。山に登ると途中で巨大な白猪に出逢う。この白猪こそ山の神であったのに、命はそれと気づかず、これは山の神の使者であろう、帰りに殺せば十分である、として見逃す。山の神は大氷雨をふらせて命を惑わす。命は足萎えとなり、精神もうろうとして、美濃・伊勢桑名をへて、鈴鹿で崩じる。」以上がその概要である。

(2) 陰陽五行と猪

伊吹山は倭建命の妻、美夜受姫の在所、熱田からは、西北に当たる山であるが、倭建命の最後の場面に展開する一連の物象は、

●西北―山―猪―白色―巨大―氷雨《ひさめ》

である。これを次の、九星六白象意、つまり

●西北（戌《いぬ》・亥《い》）―六白金気―山―巨大―白色―亥（猪）十二支
壬（水）十干

に重ね合せると、伊吹山の神の白猪の特質、およびその状況とピタリと一致する。

十二支の「亥」を月に配当すると旧十月の「亥月《いのつき》」で、『易』の「消息卦」によるときは旧十月の卦は「☷」（坤《こん》）となる。坤の卦は純陰であって、陽の気は一つもない。

山の神は当然「女」であって、この純陰が具象化されたときは或いは女根となり、十二支の「亥」が造型化されれば白猪となる。

(3)　山の神と十二の数

山の神は別称、全国的にひろく「十二様」といわれる。十二は山の神の代名詞であるから、よほど山の神の本質に関わりをもつ数に違いない。

通説ではその十二は一年の月数とされ、それは山の神が農事に深い関係があるからと説明されている。それも一つの考え方ではあるが、十二は十二支の十二番目という考え方も成り立つ。十二支の十二番目は、亥（猪）であるから、「十二様」とは、山の神の猪を間接に指す言葉として少しも不自然ではないのである。

山の神にはこの「十二山の神」という名称のほか、十二の数がつきまとい、その祭日は全国的に「十二日」というのが圧倒的に多い。

その他《ほか》、

●山の神の団子は男がつくる。ハナといい、盆の中央に二個、まわりに十個を輪にならべる。女はこの団子をたべてはならない。

●山の神には餅十二個を三列にならべて供える。

●十二様は火が好き。男だけ集まり、十二焼きといって二月十一日の夜、火を焚《た》く。

という例もみられ、山の神と十二の数は切っても切れない関係にある。

更にこの十二の数と結合しているこの祭りの特色のなかに「男好き」ということがある。つまり十二様への供物は、「男」が作り、女には食べさせない。或いは十二様は火が好き、というが、「火」は「陽」で「男」であり、これらは裏返せばすべて「男好き」ということになる。現実に山の神には男根状のものが供えられることもあり、またオコゼが上げられる。

十二様の十二が単に一年十二ケ月を意味する十二であるならば、この十二の数と結びついている「男好き」をどのように解釈するのだろうか。

ところが十二様の十二を「亥」とすれば、この「男好き」の謎も一しょに解けるのである。十二支の亥は、先述のように易の卦の旧十月に宛てれば「坤《こん》」☷の極陰の象である。陰は女・水の象であって、これは陽によって象徴される「男」「火」に対するのである。

陰の女が、陽の男を求めるのは自然の理であって、十二様は極陰の「亥」の神であればこそ、男が好き、火が好き、ということになるのである。

山の神十二様を「亥の神」ととれば、それによって解ける謎はこれだけではない。

作神としての山の神は、春、田に降りて田の神となり、秋、山に入って山の神となる、何故か、という民俗学上の多年の問題も解決されるのである。

そこで、歳時習俗のなかの亥の神（イノカミ）を探ることにしたい。

㈡ 亥の神

「イノカミサマ。十月亥子《いのこ》の日に祭る神。熊野地方に次のような歌が伝えられている。

祝いましょうよ、猪の神さまを
　これは百姓のつくり神。

長崎県島原半島の亥の日の歌にも、

十月亥日にゃ餅をつく。

餅をついても客がない。

亥の神さまを客にして、

わたしも相伴いたしましょう。

などという文句がある。石を蔓でくくり草花をその上に飾ったもので、少年はこれを歌いながら地面を搗いてまわった。兵庫県播磨の各郡でも、この日に祭る神を亥の神様といっている。神崎郡では亥の神は六月最初の亥の日、すなわちこの地方の田祭の日に出て、十月の亥日には秋の取入れもすむので、安心して倉に入ってしまわれる、という。その祭りには餅を十二、閏年には十三、枡の中に入れ、臼の上に新藁を敷き、箕に載せ、それを供える、など、九州の丑日祭りなどとも似ているから疑いなく田の神のことである。珍しい伝承は加東郡で、亥の神は鬢が禿げているので、他のものに見られるのを嫌う。それでなるべく暗い所で祭り申すがよい、といい、或は、多可郡では、亥の神様は踊りがお好きだからとて、夜は箕と箒をその臼の傍に置くという。箒をつくって上げるということは、十日夜のカカシマツリにもする。何かもう少し深い理由のあったことらしい。美嚢郡では十月中に亥日が三度ある年は三本、二度の年は二本、ワラでこしらえてこれに菊の花など飾り、三本又は二本の大根と共に箕の上にのせ供える。翌朝はその箒を前の道路に捨てる。同じ風習は淡路島にもあった。」（『綜合日本民俗語彙』巻二）

「イノヒマツリ。亥の日祭り。兵庫県養父郡などの亥子休みは十一月二十三日の新嘗祭の日をあてていた。新暦七月の亥日に、栗の枝を田畑に挿し、その前に烏扇という草を敷き、小麦の団子を供えて祀るというのは、ここでも元は、やはり六月の亥日に降り、十月の亥日に昇る神を信じていたのであろう。鹿児島県肝属郡内之浦町などでは、少年が石に縄をつけて村中を曳きまわり、家々の門の地面を打って唄をうたい、餅をもらってゆくだけの日になっているが、なお亥日祭という言葉は行なわれている。」

（右に同じ）

「イノコゼック。旧暦十月の亥日は、関西は今でも一つの節句であり、壹岐などでは現に亥子節句と呼んでいる。亥子の語は中古以来の記録にも散見するが、なぜそういうかの原因はまだわかっていない。十二支に配当するとこの月が亥月であるために、この日を収穫後の祭りの日にしたのかと思われる。しかもこれに対して二月にはハルノイノコと呼ばれる日もある。鳥取県では、春の亥子に田に降った神様が、十月亥日には仕事を終って家に帰られるので餅を搗いて祝うのだという。

炬燵は十月の亥子に出し、春亥子に片づけるともいう。九州でも鹿児島県などは、イノコの語は使わぬが、やはり十月の亥日に田の神舞というのがあった。大きな農家で下男下女にこれを舞わせる。行装は蓑を着て飯匙を手に持ち、甑《こしき》の底を頭にかぶって、今も田の畔に祀られている田の神と同じ姿であった。家のをすませてから親類の家などを廻ると、そこでは餅を与え、また水を掛けようとすることは、正月十五日のホトホトとよく似ていた。京都の亥子にも餅の贈答は古くからあったが、神を祀る特別の行事はみられなかった。或いはこれも神無月の解釈からかと思われる。」

（右に同じ）（傍点引用者）

(1) 各地亥子神にみられる両度性

各地の亥子神祭祀の間には、十月と二月、または十月と六月の両度に祭祀が行われること、また、亥子神を田の神とする点などの共通性がある。

①十月の亥子が、二月にまたハルイノコといって再び祀られる。

②二月に田に降った亥子神は、十月に仕事を終ったとして家に帰られる。(この家とは恐らく山であろう。十月、戊亥の象意は山岳であるから。)また六月亥日に田の神となった亥子神は十月に帰ってしまわれるという。

③亥子神は、「百姓の作り神」と歌にも唱われている。

要するに先述のように亥子神には「二月と十月」または「六月と十月」の両度性と、農神的性格がその祭りの中にうかがわれるのである。

(三) 山の神

この亥子神の特質は、山の神のそれとよく一致すると思われるので、ここに山の神に関する資料を同じく『綜合日本民俗語彙』の中から集めて、重ね合せてみる。

「ヤマノカミ。山を支配する神。農民はこれを田の神と結びつけて信じており、春秋二季の特定の日に、山の神が田の神と交替するとか、山の神が里に降って田の神になるとかいう話は古くから広範囲に行なわれていた。

ところが山稼ぎの人々の信じる山の神は田の神と関係がない。山稼ぎの中でも木地屋の信じる山の神は、夫婦神だといい伝えた。秋田県大曲市付近の伝承では、山の神は朱袴裸身で右手に鉞《まさかり》をもった垂髪の女神と考えられていた。上越地方には山の神をジユウニサマと呼ぶ風があるが、なぜその称が生れたかは判っていない。……全国的にいって、山の神の祭日は七日・九日・十二日などが多く、月は二月と十一月が多い。これらの祭日には山稼ぎに出るのを厳に戒しめ、その日を山の神が狩をする日、木種をまく日、木を数える日……などとして、これを犯して山に入れば災厄ありと説く所が多い。……山の神祭祀は女性の関与を忌む風も広い。海の珍魚たるオコゼを山の神が好むという伝えも全国的であるが理由は明かでない。熊野の山詞に狼を山の神というのは、狼が山民の間に神聖視されていたことを示すのであろう。」（『綜合日本民俗語彙』巻四）

「ヤマノコウ。山の講。山の神を祀る信仰集団をいう。山の神講というところも多い。日は二月と十一月、ないし十月に固まっている。愛知県下などでは十一月七日の山の講がもっとも多い。……埼玉県比企郡などになると二月が多くなり、平村では樵夫が二月七日以前の申の日に山の神を祀るのが、ヤマノコウである。……」（右に同じ）

「ヤマノコマツリ。中部山岳地方の村々では、初春、初冬の二度の山神祭りをヤマノコの日という。……祭日は気候風土によって一定しないが、多くは旧暦二月、十月の七日、または十七日である。……」（右に同じ）（傍点引用者）

山の神は春は田に降り、田の神となるといわれ、亥子神にも同様のことがいわれている。そこで当然、ここで「田の神」も考察する必要があろう。

㈣ 田の神

「タノカミ。田の神。……春は天より降り、秋は再び帰り上られるという信仰が全国的だが、その祭日は稲作行事の期間よりもずっと離れている。関東・東北は通例二月と十月で、神は杵の音をきいて去来されるといって、必ず餅をつく、能登半島の珠州地方では田の神の祭りが特にいんぎんで、春の神は白足だといって白飯を供え、或いは田の神様は久しく土の底にいて目が悪いからといって、食物を一々説明して供える風もある。

九州ことに鹿児島県には田の畔に田の神の石像が多く、村々でも田の神といって二月と十月の丑寅日に祭りをする。二月には田に降り、十月には山に行かれるという。……」

(同右書、巻二)(傍点引用者)

㈤ サノボリ

田の神の去来は、春秋、つまり二月と十月であるが、その田の神が帰られるという日が、十月とは別に六月とされているところも多く、それは「サノボリ」といわれている。

「サノボリ。サノボリは田植始めのサオリに対する語で、田の神の帰り上りたまう日という意かと思われる。……その方式には各地異同があるが、高知県幡多郡などのサナボリは、部落全体の田植のすむのをまって日を定め、近い田の一つを撰んで、そこに餅を供えて田の神の祭りをする。……また広島県比婆郡東南部のサナボリは半夏の朝で、大釜の上に甘酒を供えて田の神を送る……。」（右に同じ）

「サノボリモチ。淡路島仁井村のサノボリは、以前から旧暦六月十五日ときまっていた。この日、サノボリ餅という餡をまぶした餅をこしらえる……。」（右に同じ）

「サナモチ。和歌山県西牟婁郡朝来《あっそ》村あたりで、六月子日につくる小麦粉の団子。くりしば又は樫の葉に包んで水口にさし、田の神を祀る。」（右に同じ）

「ホンサノボリ。部落内の田植終をそういい、兵庫県の美嚢郡・加東郡あたりでは、六月四日ときまっている村が多い。」（右に同じ）（傍点引用者）

㈥ 作神としての亥の神・山の神・田の神

以上みて来たように、亥子神・山の神・田の神たちは、いずれも作神・農業神としての性格が濃厚である。そうしてこれら一連の作神達の去来、輪廻の中枢に在るのは、十月・二月・六月である。これら各月を、十二支に還元すれば、亥月・卯月・未月である。つまり、

（亥月）（卯月）（未月）
十月・二月・六月

であって、作神達の行動は、亥・卯・未の輪廻である。この亥・卯・未の組合せは要するに五行

のなかの「木気の三合」であることを想起して頂きたい。亥・卯・未の三者は結合して「卯の三合木局」を形成し、この三者はすべて「木気」に化するのである。（第一章五〇頁第10図(3)参照）

木火土金水の五原素の五行配当の中で、植物である稲の所属はいうまでもなく木気である。木気の正位は「卯」であるが「卯《ぼう》」は本来、茆《ぼう》・茂《ぼ》である。従って「サノカミ」の「サ」「サノボリ」の「サ」は、この茆・茂のサであって、「サノカミ」とは「茆」「卯」の神の謂であろう。

(七)「木気三合の理」による作神の輪廻

「三合」とはものの生命の輪廻・終始の象に与えられた名称といえるが、生・旺・墓の名で呼ばれていることは既述の通りである。万物はこの輪廻から逸脱出来ないが、サノカミ、或いは木気の神も当然、この輪廻のなかに組み込まれている。つまり作神たちは亥に生じ、卯に盛んに、未に死するのである。

これが木気の神、作神の輪廻・栄枯盛衰であるが、その神名はその輪廻の時点、およびその時に居る場所によって決められる。

（幽）
（生気）亥（十月）……西北・山・天・初冬……山の神・亥（猪）の神
（旺気）卯（二月）……東・春・田……田の神
（顕）

ここで一言付け加えたいのは、三合は半局といって、正位のものさえ含めばこの結合は一応達成されるということである。木局の場合、その正位は旺気でもある「卯」に在る。そこで卯と亥、または卯と未だけの結合でも三合木局は形成される。

山の神、あるいは亥の神（亥・十月）と、田の神（卯・二月）は卯と亥の結合であるが、これだけでも木気の三合は成立し、輪廻は可能である。この輪廻の象徴が「山の神と田の神の交替」ということであろう。亥・卯を軸に作神は輪廻を年毎にくり返し、それが冬、山にこもるときは山の神となり、春、正位の東に顕現するときには田の神となる。亥から卯へ、卯から亥への輪廻が、木気の神の名称を変化させているのである。

三合はその正位のものさえふくめば二者でも成立するが、しかし、完全なのは三者が揃うことである。木気の場合は、つまり亥・卯・未の三者が揃うことが望ましい。

三合木局の墓気、終りは「未《ひつじ》」である。

（墓気）未（六月）……西南・坤（地）土気……サノカミの死（サノボリ）

亥・卯に付け加えて、未月（六月）のサノボリの祭事があってこそ、稲の輪廻は一層確実になる。

サノボリは未月（六月）の行事で、三合木局の墓気であり、当然、稲の神の神送りである。つまり呪術上の神送りであるから現実の稲作の行事とは何の関係もない。

しかし農民達はこのサノボリ本来の意味を知る筈もなく、また旧六月は田植の時期とはややズレてはいるが、それに近いため、サノボリは田植後の祭りと誤認され、今では繰り上げて田植の終った頃にこれを行っている地域が多いようである。

しかし純粋な呪術であるサノボリは未月旧六月に行われることが不可欠で、未月に行われなければ無意味であり、呪術的に無効なのである。

しかし上に挙げた各地域、淡路島仁井村をはじめ各地で、旧六月にサノボリが行われているのは、呪術が根強く生きている証拠とも思われるのである。

山の神と田の神との交替点、亥月《いのつき》（旧十月）と卯月《うのつき》（旧二月）も全くの呪術の季《とき》であって、くり返しいうようにそれらは本来、稲作とは何の関係もない。

しかし旧二月は春分を含む三月で農繁期に入る時であり、旧十月は現在の十一月、収穫期で現実の稲作における折目節目に接近しているので、その呪術性が目立たない。そこであたかも稲作の現実に即しているかの如くみえる旧二月と旧十月の組合せは、かなりよく守られてきたようである。しかしこれとても、そこにいろいろの解釈が差しはさまれて、十月の祭りは九月三十日に繰り上げられていたり、新嘗祭に曳かれたせいであろうか、十一月に繰り下げられている例も多い。

万物は死があって生があり、生が旺じ壮《さか》んになって死に、再び甦る。この呪術の観点に立ってみれば、木気の稲の輪廻達成は、卯・亥の結合、あるいは卯・亥・未の結合を措いては期待出来ないのである。

㈧　十二山の神

陰陽五行においては、西北を山岳とする。西北は戌亥《いぬい》に当るため、冒頭の倭建命伝承の引用で述べたように、山の神は亥（猪）とされるに至った。亥月は旧十月で卦象は䷁で純陰、陽の気は一つもない。この純陰の造型が、女性神としての山の神の誕生であろう。

「亥」は山の神であるが、亥は三合木気の生気。この亥の生気は、春、卯月の旺気に転じ、この時、山の神は春日の神となる。

こうして「亥」と「卯」は春・秋ごとに交替して日本の国土に永遠の稲の転生輪廻をもたらすことになった。

そこには更に墓気の「未」の神送り、サノボリも追加されて稲の転生輪廻はいよいよ確実になる。木気の三合において「亥」はその生気であり、始まりである。この「亥」をきちんと定めてこそ、亥・卯・未の三合は行《めぐ》り出す。「亥」をはっきりさせておかなければ稲の輪廻はおぼつかない。作神の元祖は「亥」。「亥」は十二支の十二番目。この「亥」を明確にしなければ稲の年毎の実り、転生輪廻は期待できない。十二番目の亥の確立が大事である。この意識が、「十二山の神」あるいは「十二様」の呼称を生み出したのであって、この呪術上重要な十二を、単に一年十二ケ月の十二とは考えられないのである。

「亥の神」が作神の元祖であるということは冒頭の引用の中にある、

祝いましょうよ、亥の神さまを、

これは百姓のつくり神。

の亥神讃歌に、はっきり示されている。

亥の神・山の神・田の神・サノボリは、木気の輪廻を意味する「亥―卯―未」の三合の理から生れた一連の神々であり、また祭りである。

第三節　「亥子突き」考

はじめに

旧十月亥日、または十月十日の夜、「亥子突《いのこづ》き」といって子供達が藁苞をもって大地を叩く風習は日本各地にみられる。歳時習俗としてのこの亥子突きと、前節の亥子神祭りは、同じ理に拠《よ》っているものと思われる。

まず資料により「亥子突き」の概要を見、考察に移りたい。

(一)　「亥子突き」資料

〔1〕「イノコ　亥子。旧暦十月亥日に行う刈上げ行事。近畿から南九州まで広く見られるが、これは関東を中心にしてみられる十日夜《とうかんや》と相対応して、刈上げ行事の代表的なものになっている。十月亥日に餅を食う習俗は中国の『雑五行書』にも見え、日本でも平安時代から貴族の

間にはこの日に餅を贈答する風があった。『下学集』の説によると亥子餅の意味は豕《いのこ》が多くの子を産むので、とくに女人がこの日に餅を贈りあい祝うのだという。亥子と刈上げ儀礼との結びつきは不明だが、薩摩半島の先には、子供組のものが田の神になって田や畑から集まり、部落の家々を訪れて亥の日の餅を貰って帰ってゆく行事があり、亥子神・亥日神を作神とする信仰も新しいものではあるまい。「亥子突き」といって子供たちが石や藁束で地面を突いて回り、家々から餅を貰う風習が広くみられる。「餅を呉れねば鬼生め蛇生め」と囃しながら突く。広島県福山地方にはこの石は稲を刈った田から掘りおこしてきて、洗い清めて当番の家の床に置き、供え物をして祀ってから亥子突きをするという。収穫を終った土地を鎮め固める儀礼とも思われる。鳥取から兵庫にかけては旧暦二月の亥子を春亥子といって、春秋二度の亥子をする。この地方では、春亥子に田に降った神が、十月亥子に田仕事を終って家に帰るという。」

（大塚民俗学会編『日本民俗事典』昭和四十七年。四九―五〇頁）

〔2〕「イノコヅキ。亥子日の遊びは、石突きと藁ボテで地を打つものと二通りある。ともに近畿以西では今も盛に行われ、まれには双方並び行われているところもある。大阪府南部の亥子突きは、麦蒔き終りの祝と考えられていた。石に多くの縄をつけて、子供が集って突く遊びで西の方に行くとこれにいろいろな別名がある。……省略」

（『綜合日本民俗語彙』巻二）

〔3〕「イノコマツリ。十月十日のトオカンヤをこう呼ぶところはあちこちにある。埼玉県秩父郡大椚《くぬぎ》村でも九日を亥子の日といい、十一箇の亥子餅を亥の神に供え、外では又男の子が藁の棒をもって土を叩いて遊ぶが、その囃にはやはり十日夜のお祝いにといっている。長野県佐

久地方でも、十日を一名亥子祭といった。」

（右に同じ）

〔4〕「イノコモチ。十月亥子の日に搗く餅のこと、佐賀県藤津郡では亥の日の餅ともいう。この日を祝う土地では必ずこれを食べる。別にこの日に藁苞で地を打つ少年の遊びをイノコモチという地方も中国地方にみられる。その際の囃ごとの文句が名附けの原因である。……兵庫県中部の亥子餅は藁の束で地を叩き廻る行事であったが、ここでも歌を唱える。岡山県後月郡では石に十二本の縄をつけて突くが、これも鬼生め蛇生めの囃をして農家の門を三ケ所突く。それをミツボシといって女はそれを避けて通った。

愛媛県温泉郡の村々にはオイノコサンという石を祀るものもあるがまた藁束で地を打ち鬼生め蛇生めの歌を唱える所もある。その藁束は翌朝は果樹の枝につり下げる。次の年よく実るようにということは、北九州のムグラウチとも共通である。亥子餅のうたには呪詛の語のみ多いが、これに生産の力を認めた点は正月の子供行事とも近く、たんに猪が多く子を産むからという、支那の説明のみ採用するのは誤りであった。これは、亥月の亥日という事実から、誰にでも考え出され得ることで、本を読む人だけが、本にもある故にこれを信じたのである。……香川県香川郡佛生山町では亥子餅の由来として、むかし仁田四郎に退治された野猪の亡霊が、オンゴロモチすなわち土龍《もぐら》となって百姓を苦しめるのを防ぐために作ったのが始めといっている。」

（右に同じ）

(二)「亥子突き」の特質

各地亥子突き共通事項

〔1〕日時…………旧十月亥日。又は十月十日。夜。

〔2〕場所…………大地。（亥子突きの対象）

〔3〕参加者………男の子供。

〔4〕使用呪物……石、または陽物状藁苞。

〔1〕亥子突きの日時

十二支の「亥」は「閡《とじ》る」で、万物は枯死し、その生命は植物の場合、種実の中に収蔵される季《とき》を意味する。これは「陰」の時である。

旧十月の卦象は䷁で、陽の気は一つもない。旧十月は純陰である。この純陰は次の子月《ねのつき》に至ってはじめて一陽来復し、䷗の卦となる。「夜」もまた陰暗で、「陰」である。

〔1〕における一切は「陰」の象徴といえる。

〔2〕亥子突きの場所

亥子突きは大地を突く。地は天の「乾」に対し「坤」。天の「陽」に対し、地は「陰」である。これもまた陰。

〔1〕〔2〕はすべて「陰」の気である。

〔3〕

亥子突きの参加者

亥子突きの参加者は男の子供である。これは「陽」に属する。

〔4〕

亥子突きに使用される呪物

①石……九星における西北は「乾」「天」で、「乾《けん》」は「堅《けん》」に通じ、堅い「石」は天の象徴物である。従って「石」は「陽」。

②陽物状藁苞……藁苞、又はワラ鉄砲は陽物象徴と思われる。藁も又木気で陽である。

〔3〕〔4〕はすべて「陽」の気に属するものである。

㈢「亥子突き」の実相

	男の子 〔3〕	日時 〔1〕	
陽	呪物 〔4〕	場所 〔2〕	陰

亥子突きは、〔1〕〔2〕の「陰」の上に〔3〕〔4〕の「陽」が蔽い被さる象《かたち》。

これが亥子突きの実相といえよう。

(四)「亥子突き」の考察

大地は『淮南子』に説かれているように、「陰」の気の集積である。旧十月は地上もまた隈《くま》なく「陰」の気に満ち、「陽」の気配は少しもない。

この時に、この陰気に挑《いど》むように、陽の気に属する男の子が、石、または藁苞の陽物を以て、大地を突くのである。

これは完全な陰陽交合の呪術であって、ここから新しい生命が生れ出る。突き手が男の子供ということは、恐らく生れ出るべき新しい生命―子供を象徴していると思われる。

この陰陽交合の呪術によって子供ばかりでなく、稲も穀類も又来る年に生れ出るとするのだろう。

更に本章第二・三節でも述べたように、「亥」は、「亥・卯・未」卯の三合木局の「生気」でもある。

従って「亥月《いのつき》」は純陰ではあるが、春の東方木気の三合における「生気」であるから、この季《とき》に陰陽交合の呪術を行えば、それは稲の誕生・生育の軌《みち》をひらく。

「亥・卯・未」の卯の三合木局は、稲の輪廻の軌道である。その三合の生気の「亥月」における陰陽交合の呪術は、稲を生・旺・墓の軌道にのせる端緒を開くことをその目的としている。

亥子突きが、資料〔1〕にみられるように、作神の田の神と関わりをもつのはこの為である。「亥子突き」は、このような意義をもつものであるから、それはモグラうちとか、猪の子の多産にあやかるとかいうような次元のものではなく、そのスケールは雄大で、それ故に全国的といえるような行事になっていると思われる。

第四節　色彩の呪術

(一)　陰陽五行における色彩の象徴性

陰陽五行における五色、つまり青赤黄黒白とは、要するに三原色に、全吸収の黒と、全反射の白を加えたものであるが、この五色で空間では東西南北の四方位と、中央のあわせて五つを象徴し、時間では春夏秋冬の四季と、この各季をつなぐ土用との五季を象徴する。

この時間と空間における色彩の象徴性をもっともよくあらわしているのは先に述べたように『禮記』月令の記述である。

それによれば、天子は立春に際しては青馬にのり、青衣青玉をつけて東郊に春を迎え、立夏には赤衣赤玉をつけて南郊に夏を、立秋には白衣白玉をつけて西郊に秋を、立冬には黒衣黒玉をつけて北郊に冬を迎えたのである。「月令」によれば、夏の土用に際しては、黄衣黄玉をつけて、中央の大廟に居す、という。

中国哲学は季節の順当な循環を重視する。それによって天下泰平・民生安定の一切が期待されるからである。

季節の順当な循環を促す有効手段は、この目に見えない季節というものを、まず彼らの法則に従って色彩、あるいは方位に還元することであった。

色彩・方位に還元された季節は、更に天子親《みずか》ら、その色彩を身につけ、その方位に動座することによって具体的に把握され、確実に天下を挙げてその季節の到来が確認されると考えたのである。

上記、『禮記』月令は、このように解釈されると私は思う。

目に見えない時間、季節の把握にもっとも活躍するのはこのように色彩であった。

しかし色彩と季節との濃密な関係は、この例だけではない。四季の雅名にもそれはうかがうことが出来る。つまり四季の名称には次にみるようにすべて色彩名が冠せられているのである。それは色彩と時間の関連の深さを示す。

春……青陽
夏……朱明
秋……素秋（素は白色の意）
冬……玄冬（玄は黒色の意）

この四季の雅名に対応するのが、色彩と方位の関係においては「四神」である。

四神は高松塚発見以来、日本人の間にも俄かに親しみを増して来た方位を守る神々である。

東……青龍
南……朱雀

西……白虎
北……玄武

この四神が、宮門・首都大路の名称、仏像の台座・皇族貴紳の墓域などに取入れられていることは、ひろく知られている事実である。方位の神の四神に、すべて色彩名がつけられている事実は、色彩と空間の関連の深さを示すものといえよう。

陰陽五行において色彩は五元素そのものを象徴すると同時に、更に進んで目に見えない時間・空間を具象化して、人間生活万般の規範となり、これを規制し、四季の順当な循環の祈願に際しては、無二の扶翼者となっているのである。

中国の創世記は陰陽思想の表出に他ならないが、これをそのまま踏襲している古代日本人は、当然のことながら中国のこの色彩観を受け入れている。否、受け入れるどころか、時には本家も顔まけするほどの応用ぶりである。その応用状況を次にみよう。

(二) 日本古代呪術・青和幣と白和幣

『古事記』上巻に「青和幣《あおにぎて》・白和幣《しろにぎて》をとりしでて……」とみえているが、和幣とは楮や麻の繊維を織った布で、木の枝などにとりつけて神祭の料とするものである。

白和幣に対する青和幣は、純白でない幣帛《へいはく》といわれているが、雪が光線によって青くみえることがあるように、一段と冴えた白色を「青」と表現する場合もある。白雲を青雲というのもそうした例の一つであろう。

このように推理すると、青和幣とは、純白でない白色、の意にも、白和幣より実は更に鮮かな白色、というほめる意にも両様に解されるのである。

しかし陰陽五行の色彩観念を取入れるならば、第三の解釈もまた可能である。つまり、色彩を方位に還元すれば、

青……東
白……西

であって、色彩における青対白の関係は、方位の東対西の関係におきかえられ、この場合こうしてここに現出してくる東西軸は、実は日本古代呪術における神聖軸なのである。

天照大神に太陽を習合している日本人は、日毎に東に新生して西に入る太陽運行の軌《みち》を、神聖視し、古代の祭りは大小となく、この東西軸上においてとり行われたのである。その詳細は既刊の拙著で詳述しているので、ここにはくり返さないが、一例をあげれば、古昔、新天皇即位の際、川原の頓宮《かりみや》に設けられた蒲葵葉《ほきのは》の仮屋の向きは東向きであって、新天皇は東方から渡来される神霊と交感された形跡がある。沖縄の最高女神官即位式にも、同様に蒲葵葉で葺《ふ》かれた仮屋が設けられ、女神官は天皇と同様、ただ一人この中にこもって東方からの神霊と交合の礼を行われたのである。最高司祭者の即位式は、諸祭中、最重要のものであるが、本土・沖縄ともにそれが東西軸上の儀礼であることは注目に価いする。

祭祀ばかりでなく、日本神話のハイライト、有名な国譲り劇も東西軸上に展開するのである。

日本国土上に求められる最長の東西軸は、鹿島と出雲を結ぶ線であるが、この国譲りの交渉に当るのは、天津神としての東の鹿島神であり、この国譲りを強要される国津神は西の出雲大神である。

国譲りは国津神の譲歩によって実現するが、出雲大神は天津神のそれと同規模の神殿造立を要求して、国津神は天津神と同格であることを誇示する。

恐らく日本神話のこの辺りの構想は、中国哲学に基づく神話作者の創作であって、これは混沌から派生した天地は、元来同根であって、両者間にはたとえ尊卑・陽陰・剛柔等の区別はあっても互いに他を欠くことの出来ない互角の存在であるという原理の具体的表出なのである。

天地軸を平面化すれば太陽の上る明るい東が神界、陽の沈む西が人間界として把握され、この東西軸は原始信仰の軸にも合致する。

東の天津神、西の国津神は同格の神として祭られるべきであって、その証《あか》しが青和幣・白和幣として理解され、天津神・国津神を祀る礼代《いやしろ》が青和幣と白和幣なのである。

そのように見てくれば、青和幣・白和幣というこの語順も軽視出来ない。つまり天神地祇は同格ではあっても、両者間に尊卑の区別はあって、東の天津神を象徴する青色の和幣は先、国津神象徴の白色の和幣は後、になるのである。

(三) 白色の呪術

(1) ホムツワケ皇子と出雲

日本神話の撰述者が、出雲を西、白色として捉えていた事実は、垂仁天皇の啞の皇子、ホムツワケの話からも実証出来る。

五行配当表（第一章三二頁）にみられる通り、白色の象徴するものは金気、西（鳥）であるが、そのほかに「言」がある。

白色には「言」の力があるから、啞の皇子は白色の鳥鵠《くぐい》をみてはじめて物を言い、西の出雲の大神を拝むことによって完全に失われた言語機能を取戻すのである。

更にこの皇子の生母はサホ媛であるが、彼女はその兄に殉じて叛軍に身を投じ、敗戦の炎の中から辛うじて皇子を天皇の手に返す。要するにこの皇子は生れながらにして火の害を受けていて、その結果、「火剋金」の理によって啞なのである。ホムツワケと出雲を中心とする『記紀』のこの辺りの構成は、一糸乱れぬ陰陽五行の理の応用とみるほかはない。

なおこの「鵠《くぐい》」字は、「告」と「鳥」から成るが、「告」は「言」と同義であるから、「鵠」の中には白、鳥、言がすべて揃っているわけである。

「白」はこのように「言」を象徴するが、現代の私どもも、敬白、告白、白状、台白、独白などの語を日常語として使っているのである。

(2) 八朔大夫

白色の呪術は「言」に関することに限らない。白色は秋・金気の色であるからその意味の呪術にも多用される。

かつて吉原の遊女は旧八月一日、つまり八朔に白色の衣服を着けたという。

八月は金気の正位。季《とき》は実りの秋、その色は白、である。非生産的世界の遊里では、一般世間の景気の動向に対してもっとも敏感だったはずである。出来秋《できあき》を迎えるに際し、金気象徴の季節にかなった白衣を身にまとったのは、好況を促す彼女らの切なる願いがこめられた呪術だったと私は思う。

しかしこの遊女の白衣も、その起源は江戸城大奥にあったようである。

「実は白衣を着したのは、吉原の遊女だけではなかった。大奥では、この日女中は総縫ある白の帷子《かたびら》に附帯を着用し、江戸城の「八朔御祝儀」には、「五ツ時白帷子にて御礼有」といい、この日を「田実《たのみ》といひて、往古よりの佳節と

第36図　八朔太夫（葛飾北斎）

すれども、東都にては、わけて祝すべき日なり」（『東都歳事記』）としている。江戸ではこの日を天正十八年（一五九〇）八月一日家康江戸入りの記念日としていた。その時点に一つの世の改まりを、江戸人は感じていたのであった。

江戸城の表も大奥も、白衣を人々がまとったのであり、大奥の女たちがそれをことさら印象づけた。一方町方では、吉原の女たちの風情が白一色なのであった。」（宮田登『江戸歳時記』）

要するに江戸城大奥の女中衆の白衣もその起りは、天正十八年八月一日家康江戸入りにあるとされている。しかし何故この日を記念して白衣が着られたのか、その理由は明確にされてはいない。私見によればこれは明らかに家康の東国制圧の呪術である。

(3) 家康の呪術

江戸は東国、五行でいえば木気である。一方、天正十八年の干支は「庚寅《かのえとら》」。「庚」は「金《か》の兄《え》」で剛《つよ》い金気。「寅」は木気で、この年の干支の象は「金剋木」である。八月は金気の正位、「辛《かのと》」である。一日は物事の始まりである。

家康が年と月に「庚辛《かのえかのと》」の金気を撰んでいるのは、これによって遠大な東国制圧、ひいては全国を手中に収めようとの呪術に他ならない。

なお家康は四神相応の地として江戸開府を意図し、その引退には西の駿府を撰んでいる。更にその霊廟を日光に定めているが、これについては後述する。

㈣　黄色及び赤色の呪術（稲荷信仰と黄色）

中国の『説文《せつもん》』（一二一年後漢・許慎撰）によれば、狐に三徳があるとして、その第一項に「其色中和」とあって、徳の第一にその色が挙げられている。狐はその色が黄色である。黄色は陰陽五行において、木火土金水の五原素のうち、「土気」を象徴し、中央に位する色である。また土気の内包する徳性は「円満」であるから、「中和」とは土徳の表現にほかならない。そこでこれは、狐は毛が黄色く、それ故に尊い、ということになる。

黄色の狐の信仰は唐初以来、隆盛を極め当時の諺に狐を祀らなければ農村は形をなさない、とさえいわれたという。

このさかんな狐信仰の背景にあるものは、

①中国農村において五行の中で土気が尊崇されたこと、

②全身が黄毛で蔽われた狐は土気象徴の化身として信仰の対象となった、

ということである。

この狐信仰は日本に招来され、土気の狐は豊穣の神「稲荷」として顕現する。この考察は既刊の拙著『狐』にゆずるが、稲荷をこのように土気象徴の狐神として捉えれば、その赤い鳥居、赤い幟《のぼり》、赤飯、油揚げなど、すべて解釈がつく。つまり相生の「火生土」の理によって、黄色の狐神を生み出すものは火の赤色なのである。

また黄色の油揚げは、同色の故を以て、狐を扶《たす》ける力がある。なお余談ながら実験によれば狐はけっして油揚げが好きではない由である。狐に油揚げというのは、人間が勝手に作り上げた呪術によることで、狐にとっては迷惑な話である。

稲荷神が土気の狐であることの更に有効な裏付けは、「二月初午《はつうま》」というその祭日である。二月は木気、午は火気であって、この日取りは、木生火・火生土の相生の理によっており、土気の狐神顕現にもっともふさわしい。

これまで解明されなかった稲荷の謎は、「陰陽五行と色彩」を鍵とするとき、きわめて容易に解けるのである。

(五) 黒色の呪術

喪服の色は近親者の白無垢を除いては「黒」とされている。黒は色の中でもっとも地味な色でこれが不幸の際の色であることについては少しもふしぎはない。洋の東西を問わず喪服の色は黒なのである。

しかし日本の多くの地方で死者を北枕にし、その墓に水をかける風習を考え合せると、この喪服の黒色も、北方水気と関連づけられるのである。

北方（子方《ねのかた》）に対する中国人の考えは次の通りである。

「北方至陰は宗廟祭祀の象たり。冬は陽の始まる所、陰の終るところなり。終始は綱紀の時なり。死者の魂気は天に上りて神となり、魄気は下降して鬼となる。精気、散じて外に在りて反らず。故に宗廟をつくりて、以て散ずるを収むるなり。」（『五行大義』）

つまり中国人の考えによれば、死者の魂魄は遊離し、魂は天に上って神となり、魄は下降して鬼となる。北方はこの魂魄を一つに収束するところであるから、ここに宗廟をつくるのである。中国の天子の霊廟が都の北郊に多く営まれているのはこの考えによるが、日本でも徳川家康は江戸の真北に日光霊廟を設けて、中国哲学を実践している。千年余に及んで中国思想の影響下にあった日本人は、魂魄の収束を願って死者を北枕にし、その死を悼んで黒色を身にまとうことになったのではなかろうか。

第五節　死屍呪物

はじめに

日本人は穢れを忌み、取分け死穢は黒不浄といって極度に嫌ってきた。今日でも一般に不幸のあった家への弔問はそれだけで穢れとされ、遺体に触れたわけでもないのに葬《とむら》い帰《がえ》りには必ず塩で浄めることになっている。

ところがこの穢れの中の穢れともいうべき「死者」、あるいは「死骸」が、「縁起もの」として有難がられ、喜ばれる場合が、日本の民俗の中にある。

その一つは漁撈、航海者など、海に関係する生業をもつ人における「水死人」つまり「土左衛門」であり、他の一つは、昔、鈩《たたら》による鉄の精錬時代の話であるが、この鈩師における「死人《しびと》」である。

(一) 漁撈・航海者における死屍(土左衛門)

「流れ仏。漁師や船乗りの間で用いられる語で、水死人のこと。ナガレビト・ウミボトケなどともいう。これを拾えば漁にあたるといい、エビスとよぶ地方も少なくない。魚群を目前にしても、流れ仏にあえばまず引き上げることが作法とされ、漁の途中などで引き上げられないときは、帰りに拾ってやるといって、菰などをかけておくものとされる。引き上げる際に二人の漁師が問答をかわす習俗は全国的であり、陸に上げる際は積んだ側と反対側からというのも共通している。多くの土地では豊漁の前兆としている……。」(大塚民俗学会編『日本民俗事典』)

「土左衛門《どざえもん》。享保の頃の江戸の力士・成瀬川土左衛門の身体が肥大だったので、世人が溺死人のふくれ上った死体を土左衛門にたとえた、という。」(『広辞苑』)

水死者が「流れ仏《ぼとけ》」、「海仏《うみぼとけ》」、「エビス」などと呼ばれ豊漁の前兆として喜ばれている。これは不幸な水死者への懇《ねんご》ろな弔《とむら》いを勧める意図によることとも解されるが、水死者を「土左衛門」と呼んで、土気が強調されていることを考え合せると、やはり推理が必要と思われるのである。

(二) 鈩師《たたらし》における死屍

鈩《たたら》というのは今日の私どもにとっていかにも耳馴れない言葉であるが、「かつて日本では鉄資源といえばそれは砂鉄であって、その砂鉄を溶解するところが鈩であり、鈩を中心とした諸設備が山内に一画をなしていた。その冶金工《やきんこう》が鈩師である。この鈩師が奉ずる神、つまり守護神が「金屋子神《かねやこがみ》」であって、この神の祠《ほこら》は、鈩の場に必ずあった。

金屋子神は、桂の木に降臨されることになっていたから、昔の鈩の跡には、桂の木が今も残っている」（石塚尊俊『鈩と鍛冶』より要約）といわれる。

この金屋子神は女神で、人間の女を嫌い、月の障《さわ》り、産の穢れを極端に忌むが、それに対し、死屍はこれを厭《いと》うどころか、ひどく喜ばれるのである。

以下は石塚氏の同上書からの引用である。

●金屋子さんは血の忌は嫌われるが、死の忌は嫌われない。鈩の押立柱に死屍を括りつけておいてさえよかったという話がある（播磨宍粟郡千種村、鈩師、村下大蔵氏妻女）。

●金屋子さんは死の忌を少しも嫌われない。四本柱に死体を括りつけておいてもよかったという。また比田の金屋子神社の本殿の下には瓶がいけてあって、その中には昔の村下の骨が入れてあるということだ（出雲能義郡比田村金屋子鈩、鋼造、影山弥太郎氏）。

●鉄がどうしても涌《わ》かないときには四本柱に死屍を立てかけておいたという話がある（出雲仁多郡鳥上村靖国鈩、大鍛冶大工、小田川健太郎氏）。

●むかし金屋子さんが備中からつれて来られた村下の上手が死んだので、どうしても鉄が涌かなくて困った。そのとき村下の骨を四本柱に立てかけておいたらよく涌くようになった。それで金屋子さんには死の忌はないという（出雲飯石郡吉田村菅谷鈩、村下、堀江要四郎氏）。

●金屋子さんには死の穢は問題でない。鍛冶屋で調子が悪いときには、よくなるようにというので人の死体を括りつけておいたという話があるほどだ。炭焼が炭を焼くときに、棺桶の木切れを海岸から拾ってきてくべると具合がよいという。自分などもしてみたことがある。具合がよかったような気がする（出雲簸川郡田儀村、炭焼、栗見重太郎氏）。

●金屋子さんは死人がすきだという。それで、鉄が涌かないときには死人を負うて歩けばよいという話がある（石見邑智郡矢上村、鉄師、三宅信一氏）。

●金屋子さんは死を嫌われない。むしろ喜ばれる。それで昔は葬式が出ると、その棺を担いで鈩の廻りを歩いてもらったものだそうだ（備後双三郡布野村、炭焼、長谷川亀市氏）。

●金屋子さんは死んだものが大すきで、人が死ぬと棺桶は鈩の中でつくった。誰それが死んだというと、「なに、死んだ？」といって、根掘り葉掘り聞いたものだ。その反対に産まれたなどというと、どなられよった（安芸、山形郡山廻村、炭坂、室源治氏）。

（傍点引用者）

注　村下《むらげ》＝鈩師の長《おさ》。その配下に炭坂・炭焚などがいた。

(三)　陰陽五行による謎の解明

以上の諸例から漁師・鈩師にとって、死屍はそれぞれに歓迎されるべき呪物であったことがわかる。一般の死体に対する考え方と、これほどまでに相反している民俗の蔭にあるものは何か。そこには重要な原理が潜んでいるに相違ない。そうしてこの謎解きには例によって陰陽五行の理が有効と思われる。

㈣　考　察

まず漁師にとってもっとも恐ろしいことは海の水が力を得ること、海水が勢いを増せば舟を圧するに至るであろう。

次に鉦師にとってもっとも望ましいことは土砂の中から多量の鉄が得られることである。ところで五行によれば、「死骸」は五黄土気である（第一章五五頁参照）。

ここに五行の相生・相剋を導入して考える。

⑴　漁師の場合

「土剋水」の理によって、土気の人間の死屍は、水を圧し、水の力を殺《そ》ぐ。それは操業と航海の安全につながり、ひいては水中の生物である魚族の制圧につながり、大漁も期待できるのである。

⑵　土左衛門について

「水死人の異称、土左衛門について、これは土左衛門という巨大な力士に水死者の膨張した形が重ね合された結果である」、と辞典は説明する。

しかし力士は今も昔も巨大であって、何も大きいのは土左衛門という力士に限らない。この土左衛門の起源譚は後代の人のコジツケであって、恐らく原義は別であろう。

これは死体のもつ土気を珍重する海の関係者たちによって、水死人に限って奉られた一種の呪術的愛称ではなかったろうか。土左衛門といって、水死人に限り、殊更にその名称に土気が冠せられている処に、呪術がかんじられるのである。

(3) 鈩師の場合

土砂の中から多量の金気、即ち鉄の生産を希求する鈩師にとって、土気の死屍は、「土生金」の相生の理によって、鉄の生産が期待出来る強力な呪物である。

鈩師の守護神、金屋子神は文字通り金属の神である。従って、ここにも「土生金」の理は当てはまり、この神にとって土気は必要不可欠、土気の死屍はもっとも歓迎されるわけである。

金屋子神は、桂の木に降臨するという。「桂」の字は、木篇に、土が二つ重なっている。「土」を二つも有する木は、当然、金屋子神顕現に必須の呪物である。

土気の桂の木に、更に土気の死屍を縛りつければ、土気の相乗効果は期して俟つべきものがある。金屋子神は完全に顕現し、土気に支えられたその金気はよく作用し、鉄は多量に湧くことになる。

鈩師の死屍尊重の理由は、金屋子神が金気だからである。この神がいかに金気の精として扱われているかはその出自伝承に明示されている。

「昔、七月七日申刻、播磨国宍粟《しそう》郡に金屋子神が天降りされ、金属器をつくることを教えようと神托があった。しかし、自分は西方を司る神だからといって、白鷺に乗って更に西国に赴き、出雲国能義郡比田の山につき、桂の森に着いて羽を休めておられた。長田兵部朝日長者というものが、この神のために宮居を建立した処、神は自ら村下となり、朝日長者は炭と粉鉄を集めて吹かれると、鉄は限りなく湧いた。これが鉄山のはじまりという。」

（石塚尊俊『鈩と鍛冶』より「鉄山秘書」要約）（傍点引用者）

七月は申月であるから、金屋子神は申月申刻に天降りされた。「申」は金気の始め、また七日の「七」も七赤金気で、金気の象徴。次に西方に向って白鷺に乗って行かれたというが、西・白・鳥はいずれも金気である。このように時間・空間・色彩・十二支において、金気ずくめの金屋子神は、「土生金」の理で、当然土が二つも重なっている桂の木に止まり、鉄山に顕現されるわけである。

この金気の精ともいうべき金屋子神にとって、最上の呪物は死体。それも生類の霊長としての人間の死屍をもっとも好まれるのである。

金屋子神の出自・顕現の神木及びその一番に好まれる呪物としての死屍、それらはすべて一分の隙もない五行の理の応用であり、反映であって、昔の日本人が如何に五行の呪術に凝《こ》っていたか、歴然たるものがある。同時に裏を返せば、そこにみられるのは自らの仕事に対するあふれるばかりの忠誠心であって、後代の私どもは深く感動させられるのである。

なお、月の障りは、昔は「火」とみられていたから、「火剋金」の理で、金屋子神にとって、それはまことに好ましくないものだったと思われる。

第六節　長寿呪術

(一)　初酉の高山登り

「初酉の高山登り」は、三月初酉日《はつとりのひ》の行事である。これは単に「初酉」ともいい、また「初酉の祝」ともいう。福島県地方に多く、宮城・山形県にもあり、遠く沖縄の宮古島砂川《うるか》では、この三月新酉日《あらとりのひ》の行事を「ナーバイ」といっている。

「ハツトリ。三月酉日に、花の下で酒を飲めば長命するといって、福島県下では明治中期に流行したという。現在でも初酉といって、いわき地方では三月最初の酉の日に、高い山に上って甘酒など飲んで遊ぶ。こうすると一年中病気しない。

ハツトリノイワイ。三月初酉日、福島県石川郡では、酒肴を携えて近くの山に登り、酒宴をする。……」

(『綜合日本民俗語彙』巻三)(傍点引用者)

「三月最初の酉の日、高い山に登って甘酒などのみ、山神にも上げる。これはつまり酒食を携えての遊山であり、それによって一年中病気しないとか、とくに中風にならぬという信仰があった。」

（和田文夫『いわきの民俗』）（傍点引用者）

(1) 初酉の祝いの要点

日時……三月初酉日、つまり辰月酉日、である。
方法……高い山に登って、飲酒飲食を楽しむ。
効果……長命・無病・中風にかからない、願事達成。

(2) 支合

五行の法則の中には、「干合」「支合」ということがある。今、支合についていえば、十二支の各支には互いに結びつく支があり、その結合は化して新たな木火土金水の五気を生じる。その結合は次の通りである。

子・丑……→土気
寅・亥……→木気
卯・戌……→火気
辰・酉……→金気……辰月初酉行事
巳・申……→水気
午・未……→土気

(3) 初酉祝いの検討

この行事の日取りは、辰月酉日。つまり、辰・酉の支合を意味している。辰・酉の支合は化して「金気」となるからこの行事の事象には、「金気」がいろいろの象《かたち》で現れるはずである。

木火土金水の五気のうち、もっとも堅固なものは金気である。

金気は「乾《けん》」で「天」であるが、この乾は堅・健に通じ、それを人の生命にとって考えれば、健康・長命ということになる。

「九星」において、金気は、六白金気と七赤金気となり、易の卦では六白は「乾」、七赤は「兌」である。

「乾」の六白金気は方位は西北、高山・健・堅。「兌」の七赤金気は方位は西、金属・悦・食・財宝などを象徴する。

(4) 初酉を祝う意味

そこでこの辰月酉日の行事の意図するところは自ら明らかである。

高い山に登ることも、飲食悦楽もすべて六白金気・七赤金気の象徴する事象であって、それらを実践すれば、自然に金気を自身の内に取り込むことが出来る。

六白金気のもつ最重要の意味は、「乾」即ち「天」であるが、天の運行は一刻の休みもなく、『易』にいう「天行健《てんこうけん》」である。

金気象徴の高山に登り、飲食を楽しめば、この現実的な金気の実践・履行によって、金気の有する健も、堅固な生命力も長寿も、自然に期待出来るのである。

(二) 沖縄宮古島砂川《うるか》の旧三月新酉の神事(ナーバイ)

行事の由来

沖縄宮古島の池辺町字砂川《あざうるか》には、津波と竜宮にまつわる伝説があり、それに因《ちな》んで旧三月新酉《あらとり》の日に「ナーバイ」の神事が、砂川村の南の岡、上比屋山《うぃびやま》の、うまの按司御岳《ウマニャーズうたき》で行なわれる。この祭りは友利《ともり》・砂川《うるか》の二村をあげての行事で、ことに女は各戸から必ず一人参加する。この行事の由来は次のように説かれている。

昔、砂川部落の上比屋《うぃびや》にいた佐阿根《さあに》は、七歳のとき津波で両親を失い孤児となった。ひとり岩屋の中にくらしていたが、彼は善行を積み、その功徳のせいか、十六歳になったとき、或る夜、夢の中に「宮古の北の浜に行け、そうして海から来る女と夫婦になれ」という託宣を得た。彼が浜を歩いていると輝くばかりに美しい女が東の沖から白い舟にのってやってきた。彼はこれは天女に違いないとひれ伏していると、女は自分はうまの按司《あんじ》というが、竜宮から命をうけて御身《おんみ》の妻となるために来た、といって、なおも辞退する佐阿根の手をとり、海岸の洞穴で夫婦の契をむすんだ。その翌日、東方の浜に山のような寄木《よりき》があり、これを上比屋にもってきて家作りをしたが、それから彼は富裕になって佐阿根大氏《さあにおおじ》といわれるまでになった。二人の間には七男七女が生れたが、その間、佐阿根がふしぎでならなかったのは、彼が汲んだ水を妻は芋にしてしまい、また三度の食膳がいつとはなしに用意されてご馳走が並ぶことであった。

そこである日、妻が留守の間に、かねて禁じられていた鍋のふたをとって中をのぞいてみたが、それからは鍋の水はご馳走にかわらなくなってしまった。うまの按司は佐阿根が禁を犯したことを見破り、鯵にのって竜宮に去った。しかしその時、彼女はせめてもの贈物として、津波を避ける呪《まじな》いを授けていった。彼女はまず海さかい、山さかいの道を教え、旧三月新酉の日、その道にタイク（真竹の一種）を刺すようにいって、海中に消えたのである。

（以上、岡本恵昭氏よりの聞書）

これが今でも毎年旧三月新酉の日に行なわれるナーバイの起源とされている伝説である。

昭和四十八年は四月七日が旧新酉《あらとり》の日に当った。

祭りの前夜、上比屋山のウマニヤーズ御岳で前夜祭があり、当日は午前七時、祭事に参加する司《つかさ》や主婦達は御岳に参集し、司《つかさ》は神羽《かんばに》（白の神衣）に、被り物をつけ、主婦らも頭に、布をかぶる。八時頃、白衣の司達を先頭に、部落の主婦達は各自の家族数ほどのタイクを腕にかかえて、上比屋山のけわしい断崖を、はるか下方の砂川《うるか》の海岸を目指して山の背を一列になって神歌を唱えながらゆっくりと降りてゆく。その道が他ならぬ海境、山境をなす聖なる道であるが、道の右側の要処要処、つまり決まりの地点にタイクを刺してゆく。列を乱してこの行列の右側に決して出てはならない。それは海側だからである。

神歌を唱え、柴を刺しながらこの崖の細道をゆっくり降った一行は、やがて砂川の浜につき、元島の岐れ道でクイチャーという踊りをする。島とは村を意味するから元島は元村のことである。そこは昭和八年に津波で全滅した村跡であって、津波の一撃をうけた痕が廃墟として無残にのこり、石垣や門の名残りをとどめる石魂が塁々としている。

津波は砂川・友利の人々にとって恐ろしい現実であり、それ故にこの海と陸を分ける神事はふかい祈りをこめて年毎に真剣に行われるのである。

この間、上比屋山にのこった部落の男衆は舟漕ぎの真似をする。浜に下りてナーバイの神事を終えた女性達が再び山に戻ってきたのは午前十一時頃であるが、舟漕ぎは既に終了し、人々はそこで盃事に移っていた。

これは十年前、見学した際の私記である。

砂川の津波よけ神事、ナーバイとよばれるこの行事は種々の要素を含んでいて、一概にはいえないが、辰月酉日、つまり「辰酉の支合」であることからみれば、「金気重視の行事」といえよう。

金気といえばまず考えられることは「豊」「食」「財」「堅」「健」などである（第一章五五頁）。その通りにこの行事の由来の中には竜宮の神女を妻としたために、豊かな富と食に恵まれた男が登場する。

神と人間の結婚は不幸に終わるのが常であるが、神女はその代償として、津波除けの呪術を男に遺《のこ》して去って行った。

津波は一瞬にして多くの人名が失われる災害である。

そのためには海と陸の境を堅める必要がある。沖縄では海と空とは一続きに同一に考えるような傾向がある。その意味で金気の天はこの場合の竜宮に通じるように思われる。

海と陸との境を堅めるのも金気、それによって生命を守ることも金気の作用である。

「津波よけ神事」に、辰月酉日が撰ばれている真意を、以上のように解し度いのである。

第七節　「桃太郎」と「河童」

㈠　お伽話・桃太郎

日本のお伽話の中で一番親しまれている話は『桃太郎』である。桃太郎を知らない人はまずいないので、その話の筋をここにくり返すのは、如何にも気がひけるが、陰陽五行と桃太郎の関係を考える以上、順序として必要なので、あえてそのあらましを一応次に記述する。

「昔々、おじいさんとおばあさんがいて、おじいさんは毎日、山に柴刈りに、おばあさんは川に洗濯に行った。ある日、川上から大きな桃が流れて来たので、おばあさんはそれを拾って家に帰ると、その桃の中から立派な男の子が生れた。桃から生れたので桃太郎と名づけた。この子は気はやさしくて力持ち、強いのである。そうしてついに悪い鬼を退治しに出かける。おばあさんにつくってもらった黍団子《きびだんご》を腰につけて行くと、途中で、犬・猿・雉の動物や鳥に次々にあう。桃太郎の腰に下げている黍団子に皆が目をつけていて、「一つ下さい。お供しましょう」と所望する。一つずつそれを与えて、家来にし、鬼ケ島につく。この犬・猿・雉らが大いに働いて戦さは大勝利。金・銀・珊瑚・綾・錦の宝物を戦利品として山と積んで、帰って来る。」

(1)「桃太郎」に登場する事物

この話の中に出て来る事物を拾うと、まず桃と桃太郎、黍団子、犬・猿・雉、戦い、財宝、など。これらの事物は桃太郎の話にとって必要不可欠であり、その一つを欠いてもこのお伽話のイメージは崩れてしまうほど、これらの道具立ては物語に密着してしまっている。その結果、何故、桃太郎なのか、何故、犬猿雉なのか、何故、黍団子なのか、などという詮索は少しもされず、只のお伽話、桃太郎の鬼ケ島征伐のお話として、今日まで通って来たと思われる。

しかし結論から先にいえば、これほど陰陽五行の理に貫かれているお伽話はなく、この点が問題にされなかったがむしろ不思議とさえいえるのである。

(2) 桃について

はじめに桃太郎の名の由縁《いわれ》になっている桃について。

桃は古代中国で辟邪の呪物とされ、種々の伝承があるが、「西王母《せいおうぼ》の桃」というのが中でも有名である。西王母は古代中国の仙人であるが、その居処は西、その園には三千年に一度、実を結ぶという桃があり、これを食すれば疲れを去り、長寿が得られるという。昔、漢の武帝は七月七日、西王母からこの桃を贈られたという。桃は金果、金気の果実で、西方の象徴である。

金気は木火土金水の五気の中でもっとも強く堅固である。

金果の桃の中から生れた桃太郎は、この金気を受けて当然、強いわけである。

(3) 犬・猿・雉について

犬は、「戌」、猿は「申」、雉は鳥で「酉」に還元されるが、申・酉・戌の三支は、金気の方局を形成し、無類に強い金気となる。

桃太郎は戦場に赴く途中、自分と同気の金気のものに出会い、それらをすべて家来として揃えることが出来たわけで、大へんに強い大将となった。

(4) 黍団子について

黍団子も桃太郎補強に一役買っている。黍団子というのは鮮かな黄色である。黄色は土気。そこで「土生金」の理によって、桃太郎をはじめ、金気の犬・猿・雉たちにとっても、黄色土気の黍団子はこの上ない佑気の呪物である。それぞれの本性の金気を扶《たす》けてくれる団子だから、犬も猿も雉も皆この黍団子をねだり、黍団子と引き換えに鬼ケ島まで供をするのである。この辺はお伽話といいながら、まことにはっきりしている。

(5) 戦さについて

桃太郎は何故、鬼ケ島征伐に出なければならなかったのだろう。

桃太郎、及びその家来はすべて金気である。屢々いうように金気は五気のうち、もっとも堅く、強く、兵器武具、戦の象徴でもある。金気は四季にとっては秋。そこで中国の古法によれば、秋は武を練り、不義あれば必ずこれを討伐し、違法なきを期する季であった。

桃太郎とその家来たちはすべて金気である以上、不義を討伐する軍団の象徴でもある。同気の家来、佑気の食物に恵まれた桃太郎は限りなく強く、その上、時宜にかなった正義の戦さは勝つこと疑いなしである。

さて西方の桃太郎が対する敵は東であろう。日本人にとって東は時としてこの世ながらの他界であって、そこは神界でもあり、鬼の棲む処でもある。要するに異次元の世界なのである。沖縄をはじめ西南諸島の豊年祭における綱引きも、大体、西方が勝つことになっているが、それは東の神界から西の人間界に、世《ゆう》（五穀の実り）が引いて来られることを意味する。現にこの綱引きの後、東の神界の神に扮した老人から、人間界の若者に五穀の実りを盛った籠が贈られるのも祭りの中の重要場面である。

(6) 財宝について

桃太郎が戦勝の財宝を積んで帰るのも、それは豊年祭の綱引きにおける世と同様、異次元の東方からの財宝であろう。

しかし陰陽五行からいえば、西の方位は、金銀財宝、衣食住など、物資の豊かさを象徴する方位であって、西には財宝が在り、また集まる方位であるから、西を象徴する桃太郎自身の中に既に財宝はあるわけである。

要するに桃太郎は、西方金気の事象と物象を、すべてその一生と一身のなかにおいて実現化・具体化している理想の存在、換言すれば憧れの的ともいうべき物語の主人公なのである。

陰陽五行からみるとき、桃太郎は、霊異の桃から生れた西方金気の申し子である。彼は当然、強かるべくして強く、恵まれるべくして恵まれている。更にその金気が他の援助によって本来以上に強化されたときには、その強さは一段と増して戦えば勝ち、富もその手中に容易に手にすることが出来るのである。

お伽話の中には陰陽五行がつよく生きており、勇名をとどろかせる足柄山の「金時」は、その幼名も「金太郎」である。

桃太郎に限らず、花咲爺の犬も白い。金畜の犬は、金気象徴の白犬が尊いわけで、この霊異の犬は、「土生金」の理で、土中から黄金を掘り出すのである。

純粋のお伽話とはいえないが、子供がよろこぶ「河童」もまた陰陽五行と深い関わりがある。

(二) 水の妖怪・河童

河童は全く架空の存在であるが、その特異な体つきや、その瓢々とした風貌に人気があって、お伽話や俳画の題材とされて来た「水の妖怪」あるいは「川の神」である。

日本全国、到る処に河童の伝承をもつ河川も多く、中でも有名なのは遠野の河童で、川の辺りには河童の祠も設けられている。

(1) 河童の形体と特質

河童は何時《いつ》の頃の誰の創作とも判らないが、土地によっては「エンコウ」、つまり「猿猴」ともいわれるように、その大きさも身体つきも正に「猿」である。

しかし口のとがったその横顔は、どうみても「鼠」であり、背に負う甲羅は「亀」のものである。要するに河童は、猿、鼠、亀の三者の合成と見做される。

河童の形体上のもう一つの特色は、その頭上の皿で、この皿の中の水が切れるときは、河童は死ぬ運命にある。

河童はまた好んで馬と争い、自分より十倍も大きい馬を水中に引き込んで、必ず馬に勝つことになっている。

以上が水の謎の妖怪・河童の外観と性状であるが、陰陽五行の諸種の法則、約

第37図　カッパ想像図
左は一般的なもの，右は北陸地方の想像図
（橋浦泰雄『月ごとの祭』から転写）

束事をここに導入して「河童」を考えてみる。

(2) 陰陽五行による河童の考察

体躯が「猿」で、顔が「鼠」ということから、すぐに連想されるのは、「子《ね》の三合」、或いは「水の三合」である（第一章五〇頁第10図(1)参照）。

「水の三合」は、申（猿）、子（鼠）、辰（龍）である。三合は、生・旺・墓の三支のうち、旺気を含む二支でも成立する。水の三合の旺気は「子」（鼠）であるから、猿と鼠の合成の河童は、水の三合の造型であり、水の精ということが出来る。

中国思想では東西南北の四方を守る四神のうち、北方水気の守護神は、「玄武《げんぶ》」（亀と蛇）であるから、甲羅を背負う河童は、この意味でも水気の象徴といえる。

その上、頭上の皿の水の切目が、河童の生命の切目ということは、水即ち河童の生命ということである。

(3) 河童と馬が争う理由《わけ》

河童をこのように水の精として捉え、ここに「対中の理」と「相剋の理」を導入して考察すれば、河童が好んで馬と争い、しかも馬に勝つことは自明の理である。

「子」の対中は「午」（馬）で、子・午は対立関係にある。「子」は水、「午」は火、を象徴するから「水剋火」の理で、身体の小さい河童が、はるかに大きな馬に勝つことになる。

「河童駒引図」は、この子《ね》対午《うま》、水剋火、の理を絵画化したものであって、河童の謎は陰陽五行を導入するとき、極めて簡単に解けるのである。なお旧六月土用中に「河童祭」が行われるのは、「土剋水」の理で、川の神、水の神としての河童を剋し、子供を水難から救う呪術のためであろう。

三 馬の民俗

日本の動物民俗の中で、馬は重要な位置を占め、今日もなお、絵馬、春駒などの形で息づいている。

古来、馬は神の乗物とされ、今も大きな社には神馬が奉献されている。神の乗物としての馬の推理は別の機会にゆずり、ここで考察の対象とするのは、第一に、陰陽五行の理を背景とする「祈雨祈晴の呪物」としての馬、それがひいては絵馬の起源とも推測されるこの呪物の馬である。第二は同じく陰陽五行所産の古昔の宮中正月行事、「白馬節会《あおうまのせちえ》」と、江戸市井の「春駒」である。第一と第二は共に陰陽五行によるものではあるが、この両者間にはそれぞれが準拠する五行の理に相違がある。

(1) 祈雨祈晴の馬

●祈雨祈晴の呪物となる理由

（第一章四二頁第4図及び六一頁第17図六二頁第18図、第五章二六七頁参照）

午月は陽の気の極致ではあっても、夏至を境に一陰がはじめて萌《きざ》し、日ざしも日毎に短くなって行く。そこで、この一陰を水ととれば、火気のもっとも盛んな午（馬）にこそ、水の始まり、水の萌しがみられるわけである。『続日本紀』天平三年十二月条に「神馬は河伯の精」といって、馬を河神としている。河の源は一滴の水に始まるから、この河の相《すがた》と、一陰、つまり極微の水が萌す午月の象《かたち》とは正《まさ》しく重なり合って、馬が河伯とされるのである。馬がこのように水と深く関わりをもつからこそ、祈雨祈晴に馬が供献されるわけで、この点がもっとも重要である。次にその供献される神社も、大和から南、午方《うまのかた》の吉野の丹生川上社の場合が多く、一陰の萌す象をもつ南方の社に、同じく一陰の萌しをもつ馬が奉献されるのである。

その際、祈雨には黒馬、祈晴には白馬ということになっているが、その理由は、相生・相剋の理で解くことが出来る。

①黒馬の場合

水…火
黒…馬

馬は本来、火気である。そこで、黒馬ということになれば、上表のように黒馬が内包するものは、「水剋火」である。火は日照に還元されるから、黒馬は火、日照を剋し、降雨をもたらす呪物たり得る。

②白馬の場合

金…火
白…馬

白馬の内包するものは「火剋金」。金気は「金生水」の理で「水」を生み出すものである。従って水を生む金気を抑《おさ》えることは、水の抑止、晴天への期待となる。

③赤馬の場合

馬は祈雨祈晴ばかりでなく、日蝕の場合にも呪物となり、『続日本紀』宝亀元年八月条に、「日蝕あり。……幣帛及び赤毛の馬二疋を伊勢太神宮に奉らしめる」とみえる。馬は火、赤色も火気。この場合は火気の相乗作用で太陽の復活を祈求している。なお、赤馬は同じこの理由で祈晴の呪物となっている場合もある。

④絵馬への推移

こうして神社には馬が神の乗物、或いは五行応用の祈雨祈晴の呪物として供献されたが、それがやがて生きた馬から造りものの馬となり、更に簡略化されて板に画かれた馬、つまり絵馬に移行し、描かれるものも馬ばかりでなく、奉納者の願事を主題としたものとなる。神への願事ということは同じでも、幾変転の結果、現在では受験生にとって何より手軽な合格祈願の呪物となり果てていることは周知の通りである。

(2) 白馬節会と春駒

①白馬節会《あおうまのせちえ》

正月の「寅」は、「火の三合」(寅・午・戌)の生気であって「火の始」でもある。この「寅」は旺気の「午」と結べば「半局」といって、火の三合は成立する。

正月は木気の始めであると同時に、三合でいえば、火気の始めでもある。火気は日照に還元されるから、正月における火気呪術の達成は国家的大事であって、朝廷の正月行事の中には、午(馬)の登場が何らかの形でみられるはずである。

古昔、宮中における一月七日の「白馬節会《あおうまのせちえ》」は、正にそれを裏書きするものである。

●水鳥の鴨の羽の色の青馬をけふみる人は限りなしといふ

（天平宝字二年正月七日大伴家持『万葉集』巻二〇）

大意「馬は陽気の動物、その馬を新春に当ってみれば、その人の寿命は限りないといわれる。」

白馬節会の創始は天武朝といわれるが、この歌によって八世紀半頃、確実に行われていたことがわかる。また『公事根源』（第五章二五七頁）には白馬節会を青馬とよむ訳を、青は春の色であるからといっている。

●考　察

正月に馬の節会が催されるのは、「火の三合達成」の呪術である。次にこの節会に白馬が牽かれるのは、白馬が内包するものが「火剋金」（本節二三二頁）で、白馬は木気を傷める金気を剋し、木気の春を扶ける呪物だからである。更に白馬を牽きながら、これをあえて青馬とよませるのは、正月の木気の青色を扶ける、つまり、木気を扶けることになるからである。

白馬節会を詠む歌に、

●降る雪に色も変らで牽くものを誰青馬と名付け初めけむ

（平兼盛九九〇年歿）

大意（雪同様に真白い馬をひいているのに、一体誰が青馬といい出したのだろう。）

というのがある。白馬を青馬と呼ぶ意味は謎とされて来た。もちろん白雲を青雲ということもあり、白は青く見えることもある。しかし、白を青と、あえていうことにより、一つの馬に二様の呪術が期待されるからではないかと私は思う。

②春　駒

春駒は江戸時代、正月に各戸を廻る予祝門付芸《よしゅくかどづけげい》であった。

「春駒。馬の首を木でつくり、跨《またが》るようにして、頬かむりにタッツケをはき、三味線・太鼓ではやして踊る。江戸時代、さかんであったが、現在ではあまり残らない。……山梨県塩山市一之瀬では正月十四日の夜、太鼓・鉦・笛・露払い・歌うたいなどの行列を組み、道祖神の前で踊り、その後、各家を廻る。青森県津軽地方では、駒踊と称して、ホニホロ式の馬で踊る。……」

（大塚民俗学会編『日本民俗事典』）

民間習俗の春駒も、白馬節会と同様に、寅月に潜む火気、つまり午の具象化として捉えられる。白馬節会・春駒などと形式こそ違うが、寅月における「火気三合の理」の実際面の応用が韓国にも見られる。それが「売暑」である。

(3)　韓国の「売暑」

「上元。（一月十五日）朝早く起きて、誰か人を見ればだしぬけにその名を呼ぶ。先方が返事をすれば、すかさず『わたしの暑気を買え！』という。これを「売暑」という。こうして暑を売ったものは、その年は暑気当りをしない、というので、百計をつくして呼びかけても、これに応じない。一種の戯れである。」

（洪錫謨『朝鮮歳時記』）

寅月に内在する火気、つまり暑気は、天地間の自然の中にあるばかりでなく、自然の中の一環としての人間各個の裡《うち》にも同様に内在する、というのが韓国の人の考え方であろう。そこでこの自己の中の暑気を、火気の始めの正月に他人に転嫁してしまう、というのがこの真面目とも冗談ともつかない正月行事の意図するところであろう。しかしこの行事の真意は韓国においてもすでに判らなくなっているようである。

むすび

正月は四季の始めで「火の三合」「午の三合」（寅午戌）の生気に当たる。火の生気の正月に、火の旺気としての馬を見ることは目出度いことであった。

火は日照に還元され、日照に不作なしという通り、日照は佳《よ》いことなのである。白馬節会の一月七日という日取り、三七《さんしち》二十一匹という馬の数にもすべて木気と火気が含まれている。つまり三は木気の生数、七は火気の成数であって、これらの数からもこの節会が「午の三合」の具象化、ひいては豊作祈願であることがわかる。

一方、祈雨祈晴に季節は別に関係がない。祈雨祈晴はもっぱら水に関わることである。馬は前述のように三合において火の旺気に当たり、陽の動物ではあるが、夏至をふくむ午月には一陰の萌しが見られ、『易』の消息卦の午月にはそれが明示されている。つまり馬は水の始めでもあって祈雨祈晴に馬が呪物とされるのはその為である。

正月の馬の背景にあるものは火の三合の理、祈雨祈晴の馬の背景にあるものは易卦の一陰の萌し、なのである。

第五章　『易』と日本の民俗

はじめに

第一章の『易』概要で述べたように、人間生活の基盤としての時間のなかで、最重要な時間は「年《とし》」である。日本人がいかに年を重要視したかは、この「とし」が、そのまま「年穀」「実り」と同義であることからもうかがわれる。

「実り」があってはじめて民生安定が期待出来るが、その実りをもたらすものは、ひとえに一年の時間の推移であり、しかも順調であることが必須条件である。

『易』はこの一年の時間の推移の重要性を的確に把握し、それを六十四卦の十二卦、「消息の卦」によって、極めて具体的に説明する。一年十二ケ月はこの消息卦によって記号化され、各月の意味は正に一目瞭然である。

この消息の卦と日本の民俗とは無関係のように思われ勝ちであるが、両者は実は深くむすばれている。日本人はこの易の消息の卦から一年十二ケ月の各月のもつ意味を悟り、その卦に即した行事、あるいはその月に適《かな》った祭りを行うことによって、順調な時の推移を祈求して来たのである。

しかしこの事実は従来ほとんど意識されず、暗黒の中に放置されて来た。そこでこの両者の関係を表面に据えて、それを見直すことがこの章の目的である。

一年十二ケ月に配当されている消息の卦から日本の民俗、あるいは歳時習俗をみる以上、正月からはじめるのが順ではあるが、消息の卦の中で、冬至を含む旧十一月の卦は取分け重要である。「地雷復」のこの卦は、「一陽来復」の名で、殆どすべての日本人に知られている卦でもある。古代、中国の周時代には、冬至をふくむ月が正月であったのは、この日を境に太陽がよみがえるからで、正に「一陽来復」だからである。そこでこの月の卦からみてゆくことにするが、ここで扱う一年の各月はすべて旧暦によるので、一陽来復の十一月も、現行の暦では十二月も末となるわけである。

第一節　十一月（子月）和名　霜月《しもつき》

十一月の卦は、䷗、「地雷復《ちらいふく》」。十二支では、子月《ねのつき》である。

十一月は現行の暦、つまり新暦でいえば年も押しつまった十二月で、周知のように冬至を含む月である。

冬至を境にして、日脚は畳の目ほど、日毎に伸びてゆく。それは夏至を境に、日脚が一日一日と短くなってゆくのと正に対照的である。

地雷復《ちらいふく》

●冬至から夏至の方向は、陰から陽へ、
●夏至から冬至の方向は、陽から陰へ、の軌《みち》である。

㈠　一陽来復

長くつづいた困窮の果に、はじめて一条の希望の光を見出したとき、あるいは不幸つづきの後に幸福が訪れたとき、人は簡単に「一陽来復」という。

「一陽来復」は、それほど日本人の日常生活のなかに溶け込んでいる言葉であるが、その出典、あるいはこの四文字のなかに潜められている意味について知る人はきわめて少ない。

冬至を含むこの十一月には、易の卦では前述のように、はじめて一の陽気が萌《きざ》す形を示す「䷗地雷復」の卦が配当されている。

つまり万物が枯死蕭条の全陰の十月、䷁を経て、万象は冬至を契機に、僅かずつながら、「陽」の方向に向うのである。

一方、十二支ではこの十一月に、最初の「子《ね》」が割当てられている。「子《ね》」は「鼠」であるが、「鼠」とだけ理解していては、「子月《ねのつき》」のもっている意味はわからない。

「子《ね》」は「孳《ふえ》る」の意味で生命の増殖を示す（第一章四六頁）。

十一月、子月《ねのつき》、あるいは霜月《しもつき》とは、このような意味をもつ月なのである。

（二）践祚大嘗祭《せんそだいじょうさい》・新嘗祭《しんじょうさい》・霜月祭《しもつきまつり》

汐の満干にも似る一年の推移の状況を、十二支によって説明しなおせば、増殖する「陽」の気、あるいは生命力は、子・丑・寅・卯・辰・巳と推移して「巳」に極まり、夏至を含む五月、午月《うまのつき》を境に「一陰《いちいん》」が萌せば、万物は一転して衰微の方向に向い、未・申・酉・戌・亥と推移して、十月、「亥月」に陰の気は極まるわけである。

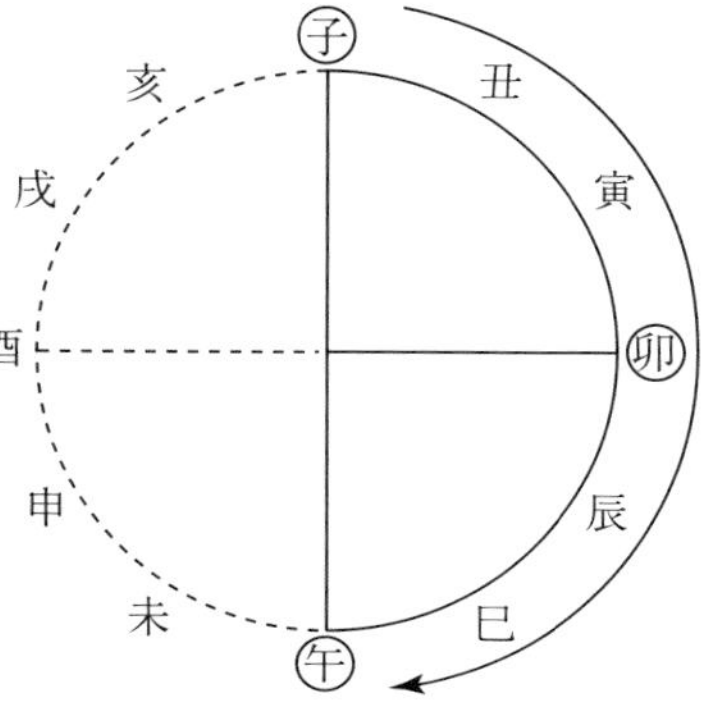

第38図

子月・午月を結ぶ「子午線」は、一年の陰陽を分ける軸のなかでも最重要の軸である。中枢を占めるこの子午軸は、特に重視され、天皇即位の践祚大嘗祭、年毎の新嘗祭は、いずれもこの軸上の祭りである。

つまり大嘗祭、新嘗祭は、子月中卯日《ねのつきなかうのひ》に始まり、四日後の午日《うまのひ》に終るのである（第38図参照）。

「子」は生命の萌芽であって、「子」で妊《みごも》られた新生命は「巳」に至って極まり、「午」で誕生する。

大嘗祭は新天皇の誕生を祝い、天皇命の更新・新生を促す祭り。新嘗祭は年毎の穀霊の新陳代謝の祝祭である。

これら重要な国家的祭祀が、千年以上もこの「子」から「午」への陽の軌上で、執り行われて来たのである。

そればかりではない。日本各地で旧十一月には「霜月祭り」が盛大に行われる。それらはすべて稲の祭り、穀霊のよみがえりを祝う祭りである。

こうした稲の祭りが、収穫後、二ケ月以上も後の厳寒のさなかに行われる理由を、柳田國男は、「収穫後、長期にわたる物忌みが必要とされたからだ」と説いている。（『祭日考』）

しかしこのような物忌み説による解釈では、解明しつくされない要素を、これらの祭りは余りにも多く含んでいる。

日本における子月、十一月の祭りは、その多くが易の卦を背景とする一分の隙もない中国哲理の応用なのである。

㈢　冬至の南瓜

冬至の南瓜と柚子湯は、日本中に広く親しまれている歳時習俗である。いずれも冬至の行事であるから、冬至の意義を把握しない限り、その理由付けはむずかしい。

冬至については前項でも詳述したが、大切なことなので、くり返せば、旧暦の一年十二ケ月は、子・丑・寅・卯・辰・巳・午・未・申・酉・戌・亥の十二支で呼ばれ、冬至を含む十一月には、十二支の最初の「子」が配当されているので、子月、それに対して夏至を含む五月は「午」が割当てられているので、午月といわれる。

日脚の伸びは陽の気の伸長だから、冬至（子）から夏至（午）の軌《みち》は陽の道、日の短くなる夏至から冬至は陰の道であって、昔の人にとって一年とは、この子午線を軸とする陰陽の気の消長推移、交替輪廻だったのである。

易の卦で、子月、十一月の記号は「䷗」。五個の陰の記号の下に一個の陽の記号がわずかに顔をのぞかせていて、これが「一陽来復」の象《しょう》であることは、前述の通りである。

長い困苦の果に一条の光を見出したとき、日本人が口癖にする「一陽来復」とは、正にこのことで、易の記号はこのように冬至、あるいは人生の姿を表現するわけである。

この冬至に対し、夏至は「䷫」、陽気が極まって一陰の萌す記号によって表現される。

中国の思想・哲学の特徴のなかで著しいものは、時間・空間の一致・広汎な象徴関係、ものの萌芽の尊重・重視である。

これを実際についていえば、十二支の「子《ね》」によって象徴されるものは、
●北・冬（冬至）・夜・水・黒色・女、
「午《うま》」によって象徴されるものは、
●南・夏（夏至）・昼・火・赤色・男、
である。

次に冬至といえば、陰の極みではあっても、先述の記号、「䷗」で示されているように、既に一陽の気が下に萌しているときである。

他方、夏至といえば既に一陰が下に萌しているときである。

冬至の意義のもっとも重大な点は、「一陽の萌し」であるが、この萌しは文字通りまことに微弱である。

そこでこの微弱な萌しを大切に扱って助長してやることは何にも増して必要であり、そうしてこそ冬至以後の陽の気の伸長の方向づけが可能なのである。

そこで「冬至の南瓜」であるが、南国のカンボジアをその名に負い、文字にも南の瓜と書かれ、赤味さえ帯びる南瓜は、微弱な一陽の気を助長するものとして、冬至における最上の呪物とされたのである。

同様に、橘《たちばな》と並んで南方の果実とされる柚子《ゆず》も、陽気象徴の貴重な呪物であって、南瓜を食し、柚子湯に入ることは、冬至における必須の行事となり、歳時習俗として定着したと思われる。

陽の気の萌す冬至に、陽の気の象徴としての南瓜を食し、陽の気の伸長を助けるこの行事と表裏の関係にあるものが、夏至を含む午月《うまのつき》、五月五日の「女の家」であろう。五月五日の一夜を、「女の家」といって、女が大切にされる習俗については、五月の項を参照して頂きたい。

第二節　十二月（丑月）和名　師走《しはす》

十二月の卦は䷒、「地沢臨《ちたくりん》」、十二支では「丑月《うしのつき》」である。

前月、子月《ねのつき》に、はじめて萌した一陽が次第に長じて、二陽四陰になった象である。

事実、冬至を過ぎれば日ざしは日毎に明るく、昼は少しずつ長くなるのである。

地沢臨《ちたくりん》

日ざしが明るく、昼が長くなるのは、陽の気の増加であり、陽気の伸長はすなわち万象の伸長、活気を意味する。

易の卦が示す十二月の象は、このような陽気の段階的な増加であるが、十二支においてもそれは同じことである。

つまり、「丑月」の「丑」は牛とよまれているが、丑とは「紐《ひも》」で、からむこと、萌芽が種子のなかで、からんでいる様をあらわしている。

前月の「子」は「孳《ふえ》る」で、新しい生命が種子の内《うち》に萌し始める状態であったが、それが既に、からむようになったというのである。

「丑月」は十二月、季冬、つまり冬の終りであるが、既に来るべき春、あるいは新しい年はその内部に胎動している。

この十二月は、易の卦によって象徴されるところも、十二支によって表現されている意味も、すべて同じであって、共に前月の一陽来復を受けて、陽気の伸長を内在させている希望に満ちた月なのである。

中国の古書にも「万物、丑に至りて皆萌す。陽を得て生ずる故に大吉なり」と見え、この月の名を「赤奮若《せきふんじゃく》」というのも、この間の消息を物語るものであろう。

(一)「師走」考

十二月の和名は「師走《しはす》」である。初出は『神武紀』にあるが、『万葉集』巻八にも、

●十二月《しはす》には沫雪《あわゆき》降ると知らぬかも梅の花咲く含《ふふ》めらずして　（紀《きの》少鹿《おしか》女郎《いらつめ》）

とみえ、この師走の語源については諸説がある。たとえば、「十二月は忙しく、師（先生）も走り歩く」とか「万事なしはてる意」などと説かれている。

しかし十二月の『易』の四陰二陽の卦、丑月の「丑」の「紐《から》む」から推して考えれば、自然に別の解釈も成り立つ。

つまり「師」には、「大」「万物」の意味があるが、十二月には万象の動意が潜められている。

この下方から二陽が新しく伸長して来る勢いを古代日本人は敏感に察した。そこで師走とは、なお盛んとまでは行かないが、この極月《ごくげつ》において、すでに始まりだした万物の動きというものを捉えた彼らによって、付けられた名称と思われるのである。

(二) 庭釜《にわかまど》・トシコシトンド

江戸時代、吉原の遊里は一大社交場で、文化センターでもあった。その吉原では年中行事も厳しく守られていたが、十二月二十二日頃、つまり土用の入りから翌年の正月松の内の間、内庭に炉を掘って焚火をする行事があり、これを「庭釜」といった。

また、大阪・兵庫県地方には、「トシコシトンド」といって、火を焚く祭りがあった。火といえば正月の左義長、トンド焼がまず考えられるが、十二月の晦日《みそか》にもこのように大火《おおび》を焚く風習はこのほか各地にみられ、羽黒山でも昔は大晦日に「歳夜祭《としのよまつり》」といって巨大な松明を燃したのである。

十二月、丑月にみられるこの一連の火焚き、火祭りは、この月の向陽の気を促し、易卦にもとづいて、萌し、動き始めた二陽の気を助長する呪術であろう。「陽」は「火」に還元されるからである。

なお十二月には「火」とならんで「水」に関する行事もある。「川渡り餅」「川渡し団子」などが、それであるが、これらは易卦には関係がない迎春呪術と思われるので、それについては第二章九六頁をご参照頂きたい。

第三節　一月（寅月）　和名　睦月《むつき》

正月の卦は䷊、「地天泰《ちてんたい》」、十二支では「寅月《とらのつき》」であって、前月の卦、䷒、「地沢臨《ちたくりん》」と、十二支の「丑月《うしのつき》」をうけつぎ、陽の気が増えて、陰陽相半ばしている象である。

新暦では大体二月に当たり、日ざしは既に明るく、「立春」の時である。

十二支の「寅」は既述のように「螾《うご》く」の意味で植物の生命の伸長を象徴している。

…地
…天
地天泰《ちてんたい》

寅・卯・辰の三ケ月は春の季節、木気の支配するところで、寅月とは春の初め、木気の始まりを意味するのである。

そこでこの正月、つまり寅月は、易の卦、十二支象意、五行の循環、など、それらのいずれからみても新しい生命の躍動を内包している月である。

(一) 門松

五行配当表（第一章三二頁）を横によめば明らかなように、木気および春の色は「青」。そこで古来、日本人は木気と春と青色を象徴する常緑樹を山から伐って来て、家の内外を飾り、それによって新春、つまり正月を迎えたのである。

それ故、門松は門に限らず、家の内の大黒柱、神棚、カマドなどにも飾られたが、そのような風習が現在も残っている地方も少なくはない。

また門松といっても、松に限ることはなく、冬も青々とした葉をつけているものならば何でもよかったはずである。

正月にはこのように家屋の内にも外にも青い色を、樹木の葉や枝を飾ることによって溢れさせた。屋敷中を青い色で一杯にすること、青い色を漲《みなぎ》らせることは要するに、木気の春の寅月の象徴化、具体化であり、それによって春の訪れを促し、その到来を一層、確実にさせるための呪術であった。

もちろん正月と常緑樹の関係を、中国哲学の理一方で片づけてしまうわけには行かない。日本民俗における正月と常緑樹の深い関わり合いの根底に潜むものは、おそらく古い樹木信仰であって、現に日本民俗学では、門松は正月の神の「依代《よりしろ》」として説明されている。

しかし今日まで根強く残る正月行事としての門松の淵源は、たとえ原始信仰にあるとしても、陰陽五行が入ると、その古代信仰の上に、より強烈に「理」が蔽《おお》いかぶさり、その方が優位を占めるに至る。
しかもこの「理の優位」にもかかわらず、この「理」は忘れ去られ、説明がより簡単な「信仰」、つまり「神の依代」ということに「理」はおきかえられて、社会一般にも学問的にも理解されているのが現実の姿と思われる。

㈡「睦月」考

正月の和名は「睦月《むつき》」。『神武紀』に「辛酉年春正月《ムツキ》」と記され、また、

●むつきたち春の来らばかくしこそ梅を折りつつ楽しきをへめ　（大貳紀卿『万葉巻五』）

とみえ、『古今集』その他にも数多くみられる。

「むつき」の語源について、平田篤胤は萌月《もゆつき》、賀茂真淵は毛登都月《もとつつき》の転訛とするが、『下学集』には「正月、睦月或作レ昵、新春親類相依娯楽遊宴、故云二睦月一也」とあり、この説が大方の支持を得ているようである。

たしかに前にも述べたように、日本人は新春を迎える際には青い葉を飾り一家眷属が寄って宴遊したので、右の解釈も不自然ではない。

しかしここに注意されるのは「睦は昵《じつ》である」といっていることである。「昵」は「昵懇《じっこん》」というように、「親しみ近づく」の意。それならば同じ和合といっても、人対人のそれではなく他の事象についてもそれはいえるのではないだろうか。

話を寅月の易の卦、☷☰に戻すと、この卦は「地天泰」の名によって示されるように、六十四卦の中でも、もっとも吉祥の卦とされている。

この「地天泰」の卦に対応するのが「天地否《てんちひ》」☰☷の卦である。この卦はその名の通り、「否」であって、よろしくないわけである。何故、☷☰が「泰」で、☰☷が「否」なのだろうか。

一見すれば、天を象徴する☰が上に、地を表現する☷が下にある卦の方が、天は天、地は地の位にキチンとおさまっていて、これこそ安泰のように思われる。

しかし、これでは天は天、地は地で、この両者の方向は相反し、互いの間に交わり、和合の気配が全く見えないのである。

このような視点に立てば、地が上に、天が下にある「地天泰」の卦は、正に天地和合そのものの象であって、これを自然界にあてはめれば、天から降った雨が土中にしみ、水蒸気となって天に帰って雲となり、雨となって再び地に降って来る、という循環の気配を示すのである。

人間も動植物もすべて雌雄、陰陽の交合するところに新生命の誕生があり、この和合に一切のはじまりがある。

こうした交合と循環を象徴する卦は、文字通り、「地天泰」であって、易の卦にみられる正月、寅月は、吉祥に満ちた月なのである。

この吉祥の根源は、天地、陰陽の「和合」にあることを思えば、正月の和名、「むつき」の由来は易の卦にこそ求められるのではなかろうか。

『禮記』月令も、寅月を説いて、「是の月や、天気下降し、地気上騰し、天地和同し、草木萠動す」と述べている。

木火土金水の五元素のうち、有機物は木気のみである。その木気は五穀を包含するが、正月は木気の初めの寅月、色は青、易の卦は「地天泰」、万象和同の時である。「睦月」はこれらの背景を象徴する名称と考えられのである。

第四節　二月（卯月）和名　如月《きさらぎ》

二月の『易』の卦は、䷡、「雷天大壮《らいてんたいそう》」、十二支では正月の「寅月《とらのつき》」をうけて、「卯月《うのつき》」である。「雷天大壮」とは、上卦が☳、つまり「雷」で、下卦が☰、「天」。これは天上に雷がとどろく、あるいは強大な天の上に、震動する雷があり、要するに壮《さか》んな「陽」の気の進出を象徴する卦である。卦名の「大壮」も正にそのような強壮の陽気に由来する。

䷡ …雷 …天

雷天大壮《らいてんたいそう》

旧二月中頃は「春分」に当り、この春分以降は昼の方が夜より長くなるから、太陽の光りそのものからみても、正にこの卦の形、䷡となるわけであって、陽の気が日に日に増殖してゆく有様を示している。

一方、卯月の「卯」の音読は「ボウ」。これは「茂る」と同義で、草木がこれから伸び茂る象である。

寅・卯・辰の三月《みつき》は、木火土金水の五気の中では木気に属し、季節は「春」であるが、「卯」は春分を含み、寅・卯・辰の三月の中心にある（第一章四一頁十二支による一年の構造表参照）。

更に卯月は木気の三合、「亥・卯・未」においても木気の中枢となっている（第一章五〇頁第10図三合の法則図参照）。

木気の支配の及ぶところは一切の植物であって、稲をはじめとする五穀も当然、その傘下にある。そこで以上すべての点で木気の中枢にあるこの卯月が、五穀の祭りの月にならないはずはない。

その上、前述のように旧二月は、易の卦においても陽気の著しい長大がみられるのである。

明治以前には、日本全国の神社や村落で、この卯月に祈年祭《としごいまつり》がさかんに執り行われた。それは以上みてきたように旧二月の本質からいって、この月における祈年祭、つまり五穀の豊穣を祈る祭は、陰陽五行の理に全くよく適《かな》っているからである。

(一) 祈年祭

祈年祭の「年」は「稔《とし》」で年穀の実りを意味し、祈年祭とは前述のように文字通り五穀豊穣祈願祭であって、今は音読して「祈年祭《きねんさい》」というが、昔は平易に「トシゴヒマツリ」といったのである。

この祈年祭の起源は千年余の昔にさかのぼり、二月四日、神祇官で行われた儀式であったが、明治時代に二月十七日に改められた。

祈年祭の当日には伊勢神宮以下の二十二社（後注参照）に勅使が発遣され、奉幣のことがあり、『公事根源《くじこんげん》』（後注参照）にも、二月四日、祈年祭の項に、

「これは太神宮（伊勢神宮内宮）以下、三千百三十二座の神を祭らせ給ふ。……国々におのおの幣をつかはさる。諸国にも、年ごひの祭りをば行ふなり。……大かた、祈年の祭、月次《つきなみ》両度、新嘗祭をば、四ケの祭とて、国の大事とするなり。」

と見え、この祭りの重要性が十分にうかがわれるのである。

公儀を中心にこのように行われる祈年祭に対し、民間レベルの祈年祭もまた盛んであった。

辻本好孝『和州祭礼記』には、いくつかの事例がみられる。

「多神社《おおじんじゃ》のおんだ祭

磯城郡多村《しきぐんおおむら》県社多坐弥志理都比古《おおにますみしりつひこ》神社の祈年祭《おんだ さい》は、古《いにし》えより、毎年二月二十日盛大に執行されている。

この祭りは五穀豊穣を祈る神事で、海川山野くさぐさ一二種と、松の小枝でつくった苗松とを神前に献じ、神職の祝詞奏上について、舞姫四人が、手に鈴と、五色の絹帛をつけた榊の枝をもって「弥栄の舞」を奉納し、終って諸員の玉串拝礼、直会《なおらい》などあり、更に午後には早乙女に扮した女童大勢が、奏楽裡に「御田植舞」を奉納し、後、神職から参拝者に苗松を授与する。」（同書より要約）

農事が日本人の生活の基本だった時代、春分を含む旧二月、木気中枢の卯月、雷天大壮という易の卦にみる陽気進出の二月は、現実的にも呪術上においても、非常に重要な祭り月だったのである。

二月の祈年祭について「木気の三合の理」を使って説明したが、これについてはなお、第四章「田の神・山の神」をご参照頂きたい。

注

●二十二社

藤原時代から中世を通じて国家安泰、皇城鎮護の神社として、朝廷から特別の待遇をうけた社である。

それは伊勢神宮以下、石清水・上下賀茂・松尾・平野・稲荷・春日・大原野・石上・大神・大和・広瀬・竜田・住吉・日吉・梅宮・吉田・広田・祇園・北野・丹生・貴船で、伊勢神宮以外は、すべて畿内にある。

●『公事根源』

一条兼良撰述。足利四代将軍義量の所望により、年中の公事故実、世俗の行事を書き記して送られたものといい伝えられている。

第五節　三月（辰月）和名　弥生《やよい》

三月の卦は、䷪、「沢天夬《たくてんかい》」。十二支では、「辰月《たつのつき》」である。

「沢天夬」は上卦が☱（沢）で、下卦が☰（天）である。「沢」とは水の集合を意味するから、この卦の象はその水の集まりが極めて高い処にあることを示している。

「夬《かい》」は「決」と同じ意味があり、物を裂く、或いは物が裂け破れるということである。

沢天夬《たくてんかい》

高い処に上った水は、容易に決潰《けっかい》して溢れ、下に降る。そうして地上の万物は、その水によって大いに潤《うるお》うのである。

これを政治的にみれば、天子の恩沢が下に及んで、万民がそれに浴するという象として受け取られる。

或いは陽爻を君子、陰爻を奸悪な小人とすれば、この卦はよい勢力が盛んになって、悪いものを追いつめて窮地に立たせている、という見方も出来る。

またこの卦を一年の陽気の消長からみれば、日ざしが来るべき盛陽の巳月《みのつき》に向っていよいよ伸長し、春から夏への季節の転換期に当っている、とみられるのである。

卦象はこのように複雑多岐にわたり、いろいろに解読することが可能であるが、ここでは「沢天夬」の卦名に即し、「高い処にある多量の水」の象に拠《よ》って、年中行事との関連性を探ることにする。

㈠ 流し雛

「沢天夬」は高い処の水が溢れて、下に降る象である。

一方、十二支の「辰」もまた非常に水に関係する。つまり「辰」は、水の三合、申・子・辰において、水の墓気、水の終りであって、辰は水庫ともいわれるのである（第一章五〇頁第10図(1)参照）。辰月、つまり旧暦の三月は新暦の四月から五月に当り、乾燥した冬から一転して、相当量の降雨が期待される季《とき》でもある。

これらのことを念頭において、旧三月、辰月における年中行事、それも水に深い関わりをもつ行事をみると「雛祭り」がある。

雛祭りは戦争中、一時衰えたが今はデパート其他の商業政策にのって、かつてないほど日本中に普及した祭りになっている。そのキラビヤカさの蔭にかくれてしまっているその古儀は、どのようなものだろうか。

三月三日は五節供の一つで「上巳《じょうし》」とよばれた。五節供とは一月七日・三月三日・五月五日・七月七日・九月九日の五つをさし、これが周知のように、別名、人日《じんじつ》・上巳《じょうし》・端午《たんご》・七夕《しちせき》・重陽《ちょうよう》とよばれた。中国において唐時代に定着したという五節供は、日本に入って江戸時代に一般化したとされている。

五月の端午の節供が男児のものであるのに対し、三月上巳は女児の祭りである。江戸時代から雛は次第に贅沢な人形となり、三日がすめば次の年まで大切に蔵《しま》われることになっているが、古くは植物や紙でつくられた粗末な人形《ひとかた》に過ぎず、水に流されるのが本来の姿だったのである。

今も鳥取県用瀬《もちがせ》では、祭りの終った時点で、桟俵《さんだら》に乗せて川に流す、いわゆる「流し雛」の古習がみられる。

日本民俗学ではこれを「罪穢《つみけがれ》をはらう禊《みそ》ぎの名残り」、と解するが、私は神道の原点としての「ミソギ」は「身殺《みそ》ぎ」であって、蛇の脱皮の擬《もど》き、と考える。従ってこれは脱皮によって新生をはかる祖神としての蛇の生理・生態を忠実に模倣しているに過ぎず、本来、そこに罪の意識などはなかったのである。人形は脱皮の料《しろ》で、ヌケガラに見立てられたものであろう。

従って本来は自分自身が水浴して、脱皮の擬きをすれば一層よいわけである。

(二) 浜下《はまお》り

これを裏書きするように、沖縄先島地方では三月三日を特に「サニツ」といって、一家を挙げて浜下りする風習がある。「龍宮《りゅうぐう》の口開《くちあ》け」といって潮干狩もする。晩春初夏、冬眠を終えた蛇は、忙しく脱皮をくり返し、生命の更新をはかる。人も祖先神としての蛇の生命更新にあやかろうと、頻りに脱皮の擬きをした。水は脱皮につきものである。そこでこの古習が、水に深く関係する辰月（龍月）の中国の節供に、いつの世にか結びつけられたものと思われる。

第六節　四月（巳月）和名　卯月《うづき》

四月の卦は䷀、「乾為天《けんいてん》」。十二支では「巳月《みのつき》」である。

「乾為天」とは、乾をもって天となす、の意、一陰の影もない全陽であって、それは十月の䷁、全陰の「坤為地《こんいち》」、坤を地となす、に相対する。

乾為天《けんいてん》

古代は天動説だから天は休みなく活動し、天行は「健」、その体は「剛」とする。それに対し地は静止し、その徳は順、その体は「柔」なのである。

「乾」の卦の爻《こう》辞は、第三爻を除いては、すべて竜に托して説かれているが、竜とは要するに全能の神霊の造型であるから、乾卦は全能にして最強力者、宇宙根源の大元気の象徴である。従って、宇宙間に存在する万物に分ち与えられている陽気は、すべてこの大元の陽気の派生、一分派として説かれている。

四月にはこの偉大な乾卦が配当されているわけである。一方、十二支では「巳《み》」即ち「蛇」が割当られている。

㈠「うづき」考

十月、亥月に配当されているのは坤卦で、䷁全陰。この坤卦に対中するのが乾卦で、䷀全陽、である。陰陽五行は相対をもっとも重視し、「対中」する二者を、その本質、意義、作用において常に対照させる。坤卦が、「坤為地《こんいち》」ならば、乾卦は、「乾為天《けんいてん》」で、この卦は天である。天の特質は「有」。「有」とは多大、豊《ゆたか》、富《とみ》（大漢和辞典）を意味するが、この「有」は、正に坤卦の「無」に相対する。

坤卦の配当されている冬十月は万物凋落、枯死の神無月である。

乾卦の配当されている夏四月は万物極盛、盛大の「有」を意味するときである。四月の和名「うづき」は「卯月」とされているが、原義は「有月《うづき》」ではなかろうか。

一般に「卯月」は「卯の花月」「ウツギ月」の略（『和訓栞』『類聚名物考』『奥義抄』など）とされているが、これは話が逆で、「有月《うづき》」に咲くから「有の花」といい、これに「卯」字が宛てられたということも考えられる。

「無」の十月に対中する月であること、『易』における「火天大有」などの「有」の意義を考え合せるとき、和名の「うづき」は「有月」と思われるのである。

㈡　天道花・高山遊び

四月が「天」を意味する時であるならば、その時に順《したが》う意味で、その行事も「天」とか「高所」「高山」に関わるはずである。

四月八日は釈迦の生誕祭として知られるが、これとは別な四月行事が日本各地にある。

「ウツギ・シャクナゲ・ツツジなどの花を束にし長い竹の先につけて庭にたてるならわしは、ほぼ全国的である。中国・四国地方では、それを「天道花《てんどうばな》」とよぶところが多く、八日花・夏花《げばな》・立ち花ともいう。鹿児島・徳島県の一部ではただ山登りをして花見をする山遊びの習俗もある……。」

（大塚民俗学会編『日本民俗事典』）

「会津地方では四月十七日を「高山《たかやま》」といって、山登りをし、飲食して楽しむ。……宮城県下で四月八日を「野がけ」といって、近隣さそいあって高山に登り、飲食する……」

（和田文夫『いわきの民俗』）

「天道花」「高山遊び」のいずれも天、高所、に意味がこめられている。「時季に適した事を行い、それによって季節の推移を促す」、という陰陽五行の重要な眼目が、ここにも反映しているのである。

第七節　五月（午月）和名　皐月《さつき》

五月の卦は、䷫、「天風姤《てんぷうこう》」。十二支では「午月《うまのつき》」。この午月、旧五月には「夏至」が含まれるが、この夏至を境に、日脚は少しずつ縮まってゆく。

つまり、前の月の巳月《みのつき》、䷀で極まった全陽の結果、新たに一陰が下に萌《きざ》した象である。

…天
…風

天風姤《てんぷうこう》

この午月の一陰が下に萌した象、䷫は、子月《ねのつき》、旧十一月の一陽が下に萌す象、䷗、一陽来復に相対する。一陽来復は、冬至を境に日ざしが日毎に伸びて行く状況を象徴するからである。

冬至・夏至を貫くこの「子午軸」は、一年を陰陽に分けるものであって、いうまでもなく日ざしが伸びて行く子月から午月への時間は「陽の軌《みち》」、日ざしが縮まって行く午月から子月への時の推移は「陰の軌《みち》」である。

前述のように、新天皇即位の践祚大嘗祭《せんそだいじょうさい》は、この子午軸における「子」から「午」への陽軌《ようのみち》に即している祭り、新天皇誕生の意義を潜めている祭り、なのである。

この旧五月の䷫、卦名の「天風姤《てんぷうこう》」であるが、「姤」は「邂逅《かいこう》」（めぐりあい）の「逅」と同義で、遇《あ》うことである。

つまりこれは、「陰陽の出会い」であって、日脚が伸び切って、一陰の影も見えないような夏至の時に、既にその瞬間に一陰が下に萌している、換言すれば、その陰陽の思いがけない出会い、を意味している。

この「天風姤」の象は、世事万般にこれを当てはめることが出来、全盛の最中に、しのびよる衰微のかげ、得意の絶頂の背後に迫る失意の時など、人間界の常道を一卦のなかに的確に表現している。

「天風姤」の卦は、このように全盛の陽の世界に、一陰の萌す象を示すが、「易」はけっして一つの象に止まるものではない。というより、象は一つでも、それを多方面からみることが必要である、という方がむしろ妥当であろう。

以下はその観点からみた天風姤の種々相である。

㈠　女の家・女の宿・女天下

「天風姤」の一陰を「女」として捉えればどうなるか。

旧五月五日は、「端午の節供」といって、男児の祝いとされている。ところが近松門左衛門の『女殺油地獄』にも「五月五日の一夜さを、女の家といふぞかし」と見えるように、この五月五日、あるいはその前夜を「女の家」「女の夜」「女の宿」などといって、特に女天下とする民俗が日本各地にあった。

日本民俗学はこれを、五月は田植月だから田の神の奉仕者としての女を大切にしたためと理由付けしている。一応うなずける解釈ではあるが、もし旧五月の易の卦を導入して考えてみるならば、この民俗は正にこの卦の具象化として受け取られるのである。

「天風姤」は男五人に女一人を表わす卦である。これは前月の全陽の卦にみられる男ばかりのところに一人の女が忽然《こつねん》として現れたことを意味する。そこでこの女は非常に男からもてる女、すべての男を魅了する存在のはずであって、卦辞も当然、「姤は女壮《さかん》なり。女を娶《めと》るに用ふることなかれ」ということになる。つまり多勢の男のなかの女は我儘で仕方がない。娶ってはならない、と易は戒《いま》しめるのである。

そこで昔の日本人は次のように考えた。五月はとにかく女天下の象をもつ月であって、そのような時季には、その時季に適《かな》ったことをする。時季に適してこそ、自然の流れに沿えるのである。しかしそれを長くしていては害がある。ただ一日の女天下の日を設けて、それによってこの五月の象に適合したことにしよう、と。これがこの民俗の起源であろう。

また、陽を男・火に還元すれば、陰は女・水である。「天風姤」は一陰の萌しであるが、それは微量の水の萌し、の意義にもなる。五月は折柄、田植の季節であって、水の萌しはもっとも尊《たっと》く、大切にすべきものである。

水も女も、ともに陰であるから、女を大切にすることは、水の重視につながる。以上あらゆる点から考えるとき、「女の家」の習俗は、易の卦の実践を意図した古人の智恵の結晶と解されるのである。

(二) 雛女祭り

鹿児島県出水郡阿久根町で、五月五日に行われる「雛女祭り」は、零歳の長女を背中合せに負った母親たちが、ハンヤ節にはやされて、輪になって踊るという行事である。

●考　察

1この行事の日取り

五月五日、午月、易卦、䷫、天風姤

2午月の意味

午……忤《さか》らう。逆らう。

3天風姤䷫の分析

☰上卦……天・君主・父・親

☴下卦……風・長女

天風姤は☰(天・親)と☴(風・長女)の組合せ、負う母親は女ではあるが、親(陽)子(陰)

の関係でみれば、陽☰である。負われる零歳の長女は☴。

そこでこの母親と長女が、ぴったりくっついているこの行事は、正に「天風姤」の具象化、現実化である。

次に背中合せ、つまり普通とは逆の形で負われている意味は次のように解される。

●十一月の冬至を境に日脚が伸びるのは順、陽の軌《みち》。

●五月の夏至を境に日脚が短くなるのは逆、陰の軌。

五月午月の「午」字は「忤《さか》らう」である。午月を境に日脚は短くなり、伸びつづけてきたそれ迄の方向とは逆になる。

長女を背中合せに、逆の向きに背負って、左廻りに廻る母親たちの動きは、午月《うまのつき》の中に潜む「忤《さか》らう」意味の表出として受取られる。

「雛女祭り」は、このように易の天風姤の卦が、そっくりそのまま忠実に具象化されている行事である。この行事の主役は雛女祭りの名にも示されている通り、もちろん零歳の長女たちである。易は「五陽一陰」の場合、一陰がこの卦の主爻となり、その一陰はこの場合、「長女」を示しているからである。

この行事の意図するところは非常に深遠である。つまり、一年の時の推移において、夏至を含む午月は、時の流れを反対方向に大きく変える重大な転換点である。この転換が無事に行なわれてこそ、順調な時の推移も期待出来る。この重大な転換を自然に委《まか》しておかず、人間の方も積極的に促す。その呪術が他ならぬこの雛女祭りである。これは単なる童女のための祭りではない。

主役はたとえ零歳の長女ではあっても祭りのかくされた意図は、一年の時の推移の促しである。この意図の実現のための呪術がこの祭りであり、その呪術達成のために零歳の長女が主役となっているに過ぎない。

これは『禮記』月令にみえる古代中国の天子の四季の始めにおける行事とその意義を同じくするものであると私は思う。

(一)の「女の家」は、「天風姤」における五陽一陰の「一陰の萌し」を重視した行事。

(二)の「雛女祭り」は、「天風姤」に潜む「時流の転換」を実践する祭り、であって、共にこの午月に内在する「陰の萌し」「時の転換」を顕在化する行事であり、祭りであろう。

第八節　六月（未月）和名　水無月《みなつき》

六月の卦は、䷠、「天山遯《てんざんとん》」。十二支では「未月《ひつじのつき》」。前月に萌した一陰が、次第にその勢いを増して、二陰となり、その結果、天、☰と、山、☶が合した形である。

⚋を小人、⚊を君子ととれば、小人の力が強くなって来て、君子が時運から遠ざけられて、隠遁《いんとん》する象である。天山遯の「遯」は、隠遁なのである。

…天
…山
天山遯《てんざんとん》

これがこの卦の象であり、意義であるが、ここでは、この卦のなかに含まれている「山」を中心に考えてみたい。

木火土金水の五元素のなかでみると、山は疑いもなく「土気」に属する。土気のなかでも山の土気は、畑の土とか、植木鉢とかの土と違い、最大の土気である。

一方、この易の卦に対し、この旧六月という月に配当された十二支は「未《ひつじ》」である。この「未月」とはどういう月だろうか。

先にも述べた通り、陰陽五行では、宇宙根元の陰陽二気の交感から、木火土金水の五元素が生じた、と説く。この五元素、あるいは五気の循環が五行であって、この五行のなかには種々の法則がある。「相生」と「相剋」もそれらの法則の一つである。

「相生の理」は既述の通り、木生火、火生土、土生金、金生水、水生木であり、「相剋の理」は、木剋土、土剋水、水剋火、火剋金、金剋木、の順である。

ところで、これも既に説明したことであるが、一年十二ケ月を、この五元素、十二支、季節に分けると次表のようになる（アラビア数字は旧暦の月を示す）。

春	1 2 3 寅・卯・辰	木気
夏	4 5 6 巳・午・未	火気
秋	7 8 9 申・酉・戌	金気
冬	10 11 12 亥・子・丑	水気

土気は各季節の終りの十八日間に配当されていて、辰・未・戌・丑の月のなかにある。土気は一つの季節を他の季節に転換させる力があり、季と季の中間に配置されている、ともいえるのである。土気はこのように一つの季を滅し、新しく次の季を生み出す強力な作用があるために、この土気の期間を「土用」といってその作用の強さをおそれ、その期間中の建築・動土などは古来、

タブーとされて来た。

(一) 「水無月」考

旧六月は未月、火気のなかの土用であって、土用のなかでも強力な力をもち、土用といえばこの夏の土用を指すほどである。それは「火生土」と、土気が火気によって相生されているからである。しかも六月の土用は火気のなかの土用、つまり乾燥した「燥土《そうど》」であって、同じ土用でも、十二月の水気のなかの土用、「湿土」とは本質を異にする。

つまりこの六月は、易の卦では「山」があり、巨大な土気をもつ月である。

十二支でみても未月は「土用」を含む月、しかも火気によって相生されている強い土気の月である。

ここに「相剋の理」を導入して考えると、六月は水にとって甚《はなは》だ迷惑な月であるということがよくわかる。「土剋水」と、土気によって、したたかに叩かれているからである。

易の卦にも巨大な土気の「山」があり、五行のなかにも強い土気があって、このダブルパンチの前に、水は正に活路を見失う。

旧六月の異称は「水無月《みなつき》」。旧六月は現在の七月で梅雨の頃に当り、けっして水の無い時季ではない。むしろ水は沢山にある。

しかし上記の理由によって呪術的にはこの月を水無月といわざるを得ないのである。以上が和名「水無月」の由来ではなかろうか。

(二) 土用丑日の鰻の推理

今年（昭和五十八年）の土用丑日《うしのひ》は、七月二十四日に当るが、この日には一般に鰻を食べることになっている。このころは年間でも一番暑い時季であって、万葉の昔から夏瘠《なつや》せによしとされている鰻をこの際に摂《と》ることは理にかなない、何も問題はない。

しかしそれが何故、丑日の行事かという問に対する答は従来、出ていないのである。

この習俗のはじまりは江戸時代というが、当時はもちろん旧暦であるから、水無月の名称の推理同様、この場合の鍵ももちろん旧暦によることにある。

七月末は旧暦では六月、未月。従ってこの行事の日付は、未月土用丑日、つまり、未と丑のコンビにプラス土用である。

前述のようにこの未月の土用は火気に相生されていて、その土気はすこぶる強烈である。

土気は万物を害う作用がつよく、この時季において人間は殊に暑気当りということも考えられる。

その暑気当りをもたらす土用の火気を抑制するためには、「水剋火」の理によって、相対する丑月《うしのつき》の水気を以てするのがもっとも妥当である。

しかし丑月を未月に重ね合わせることは出来ないから、丑月の「丑」を日に執《と》って、呪術の日を「未月土用丑日」と定めたと思われる（第39図参照）。

そこでこの日に牛肉（丑《うし》）を摂れば最高であるが、牛は農耕上の聖獣で明治以前には食肉は禁忌だった。それで鰻ということになったのであろう。

鰻は牛（丑）のウに通じ、また水中の生物で、しかもその色は黒、立派な水気の象徴である。

この鰻を食して体内に入れれば、水剋火の呪術は達成される。鰻は水剋火の呪物として最適なのである。

土用丑日には鰻の代りにウメ・ウリ・ウドンなど、ウの字のつくものを食べれば暑気当りしないというところもある。

またこの日、川や海で水浴することも行われる。

それらはすべて水剋火の五行相剋の理の応用であるが、その心情の底にあるものは、激しい火気によって強められている未月の土用土気を、水気の丑月の土用土気で中和すること、要するに陰陽のバランスをはかる悲願である。この現世においてすべてバランスのあるところには病も禍もないからである。

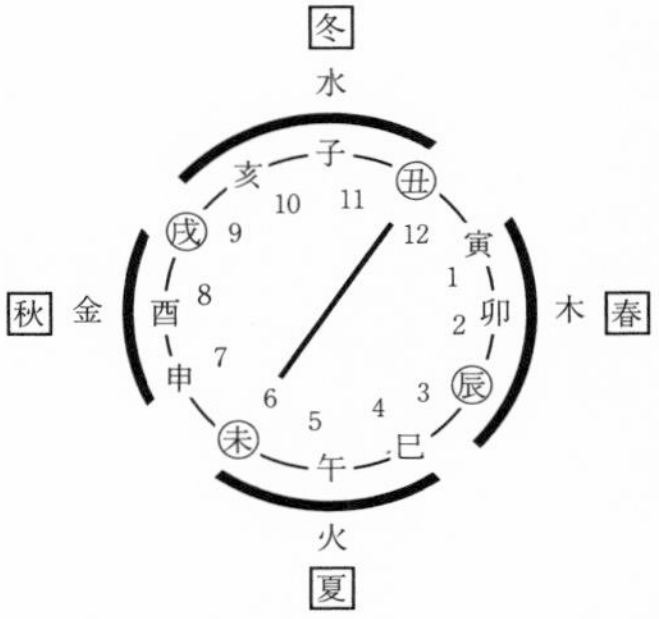

第39図　未と丑対中表○でかこんだ丑・辰・未・戌は土用の月を示す

冒頭に述べた通説、つまり鰻が栄養価が高いから暑気払いとなり、土用丑日に鰻を食べる、という合理的な解釈は、同じ日における水浴とか、牛を川で洗うという習俗の解明にはつながらない。一見関連性のない多くの事象を解明出来る原理として、陰陽五行はこの場合にも有力な鍵となるのである。

第九節　七月（申月）和名　文月《ふづき》

七月の卦は䷋、「天地否《てんちひ》」、十二支では「申月《さるのつき》」である。

「天地否」は上卦が☰、「天」で、下卦が☷、「地」であるから、上が天、下が地で、天地が各自その処を得て、一見、非常によいように思われる。

天地否《てんちひ》

しかし、『易』は別の見方をする。つまりこの卦は、天は天、地は地と隔絶してしまっていて、その間にこの両者の交わる気配が一向に見えない。従ってこの卦のなかに潜められている象は「否」、要するに天地間の道は、閉塞して通じないと見る。

これは正月、寅月の䷊、「地天泰」の卦が、上にあるべき天が、下の地の位におり、地は反対に天の位にいて、その結果、さかんな天地往来、天地交合の形を示しているのとまったく対照的である。

天地間の往来・交合がなければ、万物の生成発展は到底のぞめないから「否」となるわけである。

天地往来の気配がないと同時に、申月《さるのつき》は、下から増えつづける「陰」の気が、「陽」の気を逐いはらってゆく勢いを見せるときでもある。表面には陰の気はまだそれほど現れてはいないが、内部には陰気が充実している。

旧七月は現在の八月から九月、秋のはじめで草木の枯れはじめる季である。

人間界にあてはめれば、この天地否は上下の意志疎通を欠き、小人が時を得て、はびころうとするとき。そうして治から乱へと移って行くときである。このような時には君子はむしろ退いて時機をまつことを『易』はくり返し説いている。

というのは万象はあくまでも推移変化するものであって、この七月における陰の気が、十月に全陰となって極まれば、やがて十一月の「一陽来復」を契機に、軌道は陽の方向に転換するからである。そうして十一月の子月《ねのつき》は丑月《うしのつき》を経て、寅月《とらのつき》となり、「地天泰」を迎える。

つまり、

●地天泰　䷊　寅　一月　（正月）　陽気の増殖

●天地否　䷋　申　七月　（盆）　陰気の増殖

は、子・午軸同様、一年における陰陽を分ける重要な軸の一つであって、この「泰」と「否」、あるいは、「寅」と「申」の陰陽の循環から、自然も人も逸脱することは出来ないのである。「泰」あっての「否」、「否」あっての「泰」であって、この循環によって万象の永遠が保証される。この輪廻が宇宙の実相であって、この実相が日本人によって、よく把握されていることは、盆・正月の行事が、古来、最重要な歳時習俗となっていることからも明らかである。

●寅は「泰」、陽気の増殖、

●申は「否」、陰気の増殖、

をそれぞれ内在させるが、寅・申の本質は、実はこれだけではない。「寅」には「火」、「申」には「水」が更に内在し、そのことが寅・申軸、換言すれば正月・盆行事を一層、重要なものにしている。

これについては「三合の法則」を加えて考察することが必要なので、詳細は第四章「正月と盆」を参照して頂きたい。

第十節　八月（酉月）和名　葉月《はづき》

八月の卦は䷓、「風地観《ふうちかん》」。十二支では、「酉月《とりのつき》」である。

「風地観」は、上卦が☴、「風」、下卦が☷、「地」である。

風地観は十二月の䷒、「地沢臨《ちたくりん》」の裏返しの卦であるが、この地沢臨が日毎に陽の気を増してゆく象であるのに対し、風地観は反対に、秋分を境にして夜が次第に長くなり、気温も下降し、陰の気が勝って行く象を示すのである。

風地観《ふうちかん》

風地観はこのように陰が次第に力を得て来たことが表面化し、陽を駆逐して行くのであるが、この陰爻《いんこう》を小人ととれば、この卦は小人の勢いがつよく、僅かに残る君子を圧迫している状態とみなされる。

このように風地観は、自然界においても、人間界においても共に増えつづける陰の気によって陽の気が衰弱して行く状態を明示する。

しかし『易』は八面からみるものであって、この風地観でも当然、別の見方も成り立つのである。つまりこの卦は自然界でいえば、地上を風が吹き渡る、という象である。

風は澱んだものを吹き払い、新しいものをもたらし、上の気を下に、下の気を上へと攪拌し、常にものを交流させる。

また地上を蔽《おお》う風は、ものを見通すものでもある。

風地観の「観」は、ものをよく観察することであって、人の世界に当てはめれば、上に立つ者が下にある者をよく観察し、一方、下にあるものは、親なり上司なり、とにかく自分より上のものを仰ぎ観る、頼りにする、ということになる。後述する「田の実節供」の原意が「頼み」とされるのも、その根拠はここに求められよう。

そこで、易の経文はこの卦を悪い方ばかりにはとらず、上の陽爻、つまり君主が中正の徳を以て天下を観る、とし、万民はその徳によって自然に感化される、と説くのである。

以上は易の卦からみた八月と、「風地観」の意味であるが、日本の祭りと民俗のなかで、八月は注目すべき月である。

(一) 八朔・田の実節供

昔の日本人は八月一日を「八朔《はっさく》」(八月朔日《ついたち》の略)といい、これを「田《た》の実節供《みせっく》」「八朔節供《はっさくせっく》」ともいって、「穂かけ祭り」など、稲作に関する行事の日であった。

八月一日といえば、現在の九月中頃にも相当するから、刈入れには早いが既に実りの秋の到来を告げる時であって、その際、「穂かけ祭り」などすることは予祝の意にも適《かな》い、そこに合理的な解釈の余地は十分にある。

しかしここに陰陽五行を導入して考察すれば、八月一日を特別に八朔といって祝った理由は、それなりにあるわけである。

秋は七・八・九の三ケ月、十二支でいえば申・酉・戌。七月は孟秋、八月は仲秋、九月は季秋であって、八月は秋の真中・中央・正位である。

秋は木火土金水の五気のうち、金気に属するから、八月は金気の正位でもある。

金気の象徴するものは、天、円、健、剛などであるが、円くて堅い穀類・果実もまた当然、金気である。

稲そのものは植物で、五行のなかで木気に属しても、その結実としての「田の実《たみ》」穀粒は金気である。従って八月一日を「八朔」「田の実節供」として祝うのは五行に即した祭りであり、「田の実」といって堅い穀粒、金気を暗示している点は注目すべきである。易の「風地観」もまた秋気の増大、物の生命の内部への凝集、結実を象徴する卦として受取られる。

(二) 八月十五日の月見

「月々に月見る月は多けれど月見る月はこの月の月」と歌われ、「お月見」とか「十五夜」といえばそれは取りもなおさず八月十五日の月見をさす。それほどこれは古来、日本人に親しまれて来た行事である。

しかし何故、「この月の月」であり、何故、「中秋の名月」なのであろうか。

秋も半ばとなれば空気は澄み、秋色は日に深まり、虫のすだく音も月の光りにはまことに似つかわしい。正に、「月見る月はこの月の月」である。中秋の名月は日本人の情緒に余りにもぴったりしているから、自明のこととして受けとられ、従来、何の疑問も持たれなかったのではなかろうか。けれども日本の歳時習俗の多くがその起りにおいては情緒ではなく、中国哲学のどちらかといえば冷静な理によっていることは、すでにいろいろの面で見て来た通りである。そこでこの中秋の名月についても、後代はとにかく、その起源についてはやはりこの方面からの検討が必要と思われる。

冒頭で述べたように陰陽五行では、天上における陰陽を、太陽（日）と、太陰（月）にわけ、陽の気の集積としての太陽を「東」、陰の気の集積としての太陰、つまり月を「西」に配当したが、その状況は、高松塚古墳壁画にも明らかである。

一方、既述の通り、中国哲学においては、時間・空間は常に一致する。そこで陽の気の春は、陽気の方位の「東」に、陰の気の秋は、陰気の方位の「西」に配される。

中秋の八月、取分け八月の中心、十五日はこれを方位に置きかえれば、「真西」となる。

「陰」のシンボルとしての月の正位は「西」。時間・空間一致の法則によって、八月十五日は、月がその正位にあることを意味する。

八月十五日夜の行事は、正位にある月を拝む行事であって、それ故に「月みる月はこの月の月」なのである。

㈢ 韓国の仲秋佳節・嘉俳日

韓国でもこの八月十五日を古来、仲秋佳節とし、嘉俳日（真中《まんなか》の意）といって、もっとも重んじて来た。そこで新酒を醸《かも》し、雞、果物の類を取揃えて祝った（東洋文庫『朝鮮歳時記』）というが、「真中《まんなか》」とは金気の中央の意味であろう。

くりかえしいうように金気は木火土金水の五原素のうちでもっとも堅く、その堅さは穀類の結実の堅固さ、実りに通じる。また金気の象徴するものに「円」があり、この意味でも収穫の時季の秋とともに穀類は金気である。そこで韓国の人は、八月十五日に対して、金気の真中の意識をもち、「五穀結実」「金気の秋の正位」、「民生の基本の佳節」としてこの日を祝ったのである。

韓国では、元旦・寒食《かんしょく》・仲秋・冬至を四大名節とするが、農村では取分けこの「秋夕」つまり八月十五日を重視するという。それは要するに収穫を祝う意の表れであって、金気中央の八月十五日に寄せる思いはまことに切実である。

㈣ 韓国と日本の意識の差

八月十五日に対し当初は日本人も韓国の人と同様の意識をもっていたと思われる。しかし、凝り性でしかも情緒的な日本人は、八月の行事を二つに分ち、八朔を五穀の祭り、十五日を月見にしぼって楽しんだのである。

その結果、表面的には八月十五夜の月見は風雅そのものの行事として受取られるが、背後に潜むものは五行の理である。

昔の日本人の一年のくらしの基本は月の運行にあった。その月を、その正位において拝み、祭ることとは、取りもなおさず、それによって正常な四季の推移を促すことにつながり、またひいては五穀の収穫を祈ることにもなった。

風流の極致にみえる白色の丸い団子、芋、果実も、実は金気の象徴であって、正位の月に対し、もっとも適《ふさわ》しい供物なのである。

背後に潜む冷静な理をかくし、いつかその行事をしっとりとした情緒のこもったものにしてしまうのは日本人の特技である。そのためにとかく多くの年中行事の本来の姿が見失われてしまっているが、十五夜の月見もその好例の一つといえよう。

なお昔、江戸城大奥の女性や吉原の大夫の間には、八月一日を期して白色の衣裳をまとう風習があった。北斎にも「八朔大夫《はっさくたいう》」として白衣の大夫を題材にした作品が遺されているが、それらについては、第四章「色彩と陰陽五行」の項において既述の通りである。

第十一節　九月（戌月）和名　長月《ながつき》

九月の卦は䷖、「山地剝《さんちはく》」。十二支では、「戌月《いぬのつき》」である。

「山地剝」は上卦が☶、「山」、下卦が☷、「地」である。

山地剝は勢を増す陰の力に圧倒され、一陽が辛うじて残されているかたち、五陰一陽の卦である。

䷖　…山　…地

山地剝《さんちはく》

秋九月は現在の暦では十月も半ばをすぎ、晩秋である。「秋の陽は釣瓶落し」のたとえのように日脚は短く、気温も下がり、陰の気の増大が一日の日暮の早さにも、気温の低下にも如実に示されるのである。

この山地剝を人事にあてはめて、陽を君子、陰を小人ととれば、小人の勢がつよく徳のある人を窮地に追いつめている象ともみられ、あるいは社会に中産階級がなく、多数の無産階級と一握りの上層との対立とも取ることができる。

しかし上に残る一陽は、この卦の主爻であって、重要な意味をもつ。そこでこの一陽、つまり「上九」については次のように説明されるのである。

「上九。碩果食《せきかくら》われず、君子輿《こし》を得《う》。」

つまり最上位に残る一陽は、山の上の高い木の枝に残っている大きな果物のようなもの。人にも食われず自然に地に落ち、その種子は再び芽を出し繁茂する。同様に徳のある人が車の上にのせられて、多くの民の上に推戴される、というのである。

(一) 重陽《ちようよう》 九月九日

九月は易の消息の卦でみれば、陽の気の殆ど尽きかかっている山地剝であるが、九月の「九」は一から九までの数のうち、その極数であり、「陽」の数である。そこで月にも日にも九の重なる九月九日を、重陽、重九、として中国では節日として祝った。日本にもこの行事は早く渡来し、『日本紀略』に「淳和天皇天長元年（八二四年）九月九日者、所謂重陽也」にみえるのが、文献における初出といわれている。

『公事根源』（前出、二月項参照）にも、

「九月九日は重陽の宴といって、菊花の宴が行われる。天皇は南殿に出御になり、節会が行われて、群臣に菊酒を賜わる。御帳の左右に、茱萸《ぐみ》のふくろをかけ、御前には菊瓶をおく。この行事の由来は、昔、中国の汝南の人、恒景《こうけい》が、仙人、費長房《ひちようぼう》から九月九日に茱萸のふくろを携えて山に登り、菊酒を飲めば、家宅の災をさけることが出来ると教えられ、その教えの通りにして厄をのがれたという故事によっている。」（要約）

と述べられている。

重陽の節供は以後、連綿として伝えられ、徳川幕府もこれを重んじて、この日は三百諸侯、総登城の祝賀の日であった。

この風習は民間にも伝わり、「高山《たかやま》」とか「登高《とうこう》」といって、九月九日に酒を携え、丘や山に登って馳走を食べることが多くの地方で行われた。

たとえば長崎県の五島地方ではこの日、子供たちが山へ登ってウベの実—アケビの一種—をとってくる習俗があった。和歌山県ではやはり子供たちが山へ登って栗を拾い、栗飯を神前に供えて栗節供といったという。(祝宮静『日本の民俗行事』要約)

「山地剝」と九月九日

九月九日の行事の由来は、中国の仙術にあるとされている。もちろんそれに違いないが、この仙術の背後にあるものは、九月の易の卦、「山地剝」ではなかろうか。

剝の卦には、九月、山、果実、生命、長寿の象がある。九月九日、茱萸をもって山に登る、あるいは山中に入って栗をとり、また菊酒を酌んで長寿を願うのは、この卦の象の実践ではなかろうか。

九月の卦において山上の果実にたとえられた一陽は、全陰の十月には表面から姿を消すが、十一月には一陽来復の象となって甦る。九月九日の登高、採果・果実の袋の携行は卦の象そのものの実践であり、菊酒の宴は卦のうちに潜む一陽の甦りへの動きを助ける呪術として受け取られる。

尚、日本民俗行事の中の登高は、四月にもみられるが、これは既述のように四月の卦が、天を象徴する「乾卦」の故であって、これも同じく易の卦象の実践と推測される。九月の登高は「剝」の中にある山、四月のそれは「乾」の天によっている。

第十二節　十月（亥月）和名　神無月《かんなづき》

坤為地《こんいち》

十月の卦は䷁、「坤為地《こんいち》」。十二支では、「亥月《いのつき》」である。

十月は前の月の九月の卦、䷖、「山地剥《さんちはく》」が、辛うじて一陽を残している状況から、更に進んで、「陽」の気が尽き果てて、「純陰」の状態を示している。

この極陰の象は、母・柔順・貞節・卑賤・狭少・暗所などであるが、同時に、空虚・無・衰微を暗示する象でもある。

㈠「神無月」考

十月の和名は「神無月」。初出は『神武紀』東征の条にみえ、降って『万葉集』『古今集』『新古今』にもみられ、その起源は古いのである。

●神無月時雨《しぐれ》にあへる黄葉《もみぢば》の吹かば散りなむ風のまにまに

（『万葉集』大伴宿彌池主）

●神無月時雨もいまだ降らなくにかねてうつろふ神なびのもり　（『古今集』読人不知）

神無月とは文字通り、神不在の月であって、昔の人は結婚さえ差し控えたのである。その不在となる神々の行先は出雲なので、日本の中で出雲に限って、この十月を、神有月《かみありづき》とも神在月ともよんでいる。

何故、十月が神無月で、何故、神々の行先が出雲なのか。

十月……時間

出雲……空間

にそれぞれ還元されるから、この限定された時間・空間の関係のなかに謎が潜んでいると見るべきである。

そうしてこの謎をとく鍵が、十月の易の卦ではなかろうか。

(1)　十月の意味

十月の卦は全陰で、陽の気の片鱗もない。

「陽」の気を「天」或いは、「神」の象《しょう》とすれば、陽の気をまったく欠く純陰の空虚・無の卦は、神不在を意味することになる。

十月は太陽の光りも極度に衰微の方向に向っているときで、従って極陰の十月は要するに神も不在なのである。

(2) 出雲の意味

佐太神社はその昔、出雲大社に比肩する大社であったが、その『祭典記』には次のように記されている。

「古老伝えていわく、出雲州は日域の西北隅にして、陰の極まるところの地なり。伊邪那美命は陰霊にして、十月純坤《じゅんこん》(純陰)の時を掌《つかさ》どる……。」

ここには出雲の地が日本国の西北(大和からみれば出雲は西北に当る)という極陰の地であり、女祖先神・伊邪那美は陰霊、つまり陰気象徴の神で、亥月《いのつき》(つまり十月)という極陰の時を掌どる神である、と明言されている。そこで『祭典記』の内容は、

- 出雲は西北(戌亥)の極陰の地、
- 十月は一年のなかの極陰の時、
- 女祖先神・伊邪那美は極陰の時間・空間を象徴する存在、

として要約される。

陰陽五行の特質の一つは、時間・空間の一致であるから、出雲と十月は極陰という点で一致し、陰霊・伊邪那美命はこの両者を統一し、象徴する存在である。

(3) 神無月の意味

極陰の象徴は、同時に無の象徴でもある。伊邪那美命の本質は極陰と無の象徴であるが、この神の祭りが、十月及び出雲というそれぞれ時間・空間の極陰と無を象徴する時処において年毎に

行われているのである。そこには、「無」の確認、或いはその現象化には、時処一致を要する、という考えが窺《うかが》われる。

しかし出雲の十月の祭りは、現地の出雲では次のようにいわれている。

「亡くなられた伊邪那美命の追慕のために八百万《やおよろず》の御子神たちが十月、出雲に参集される。これが神在祭である。」

しかしこの祭りをよくみれば、伊邪那美命の追慕を名目にして参集する八百万の日本中の神々の神送りもまた同時にこの祭りのなかの重要神事であって、伊邪那美命はもちろん、八百万の神々も、極陰の出雲から送り出されるのである。要するに日本中の神々の神送りが、出雲の地において年毎に盛大に行われていることになる。

それは八百万の神々の神送りをして日本国中を一時、神不在にする。それが十月という月のなかに潜む極陰・無・衰微・神不在の観念を、祭りの形で形象化し、天下を無にする所以、と考えられてのことであろう。

天下を無にしてこそ、来るべき十一月、冬至を含む霜月の「一陽来復」が期待される。こうして神無月の「無」の意義は、「無」の形象化、つまり日本中の神々をよび集《つど》え、これを一挙に送り出してしまう「無」の祭りによって、はじめて生かされるわけである。

祭りには主役が必要であるが、この「無」の祭りの主役も陰霊の総帥、要するに「無」を象徴する伊邪那美命となる。

古代日本人が十月を神無月とよんだ背景には「無」に対する認識がある。この認識から二つの重要な彼らの意識が知り得られる。

①「有」の前提となるものは「無」。従ってその「無」の確認、「無」の具象化、が必至となる。

②「無」の確認、その具象化は、「祭り」を媒体とした「時処の一致」によって可能。

ということであるが、それらは中国哲学の精髄でもある。

要するに神無月の名称、及び出雲の神在祭は、日本神話、ならびに日本の国土に即して日本的に消化された中国哲学の一つの実践として私には捉えられるのである。

しかし、神無月についての従来の説は、大体、次の三種である。

①上無月《カミナシ》とする説。十は数の単位として最上位にあるから、上無し月《カミナ》。

②雷を古来、「カミ」という。十月は雷のない月であるから、雷無月《カミナシツキ》。

③十月は、神嘗月《カンナメツキ》。それが転訛して神無月《カンナツキ》。

これらの説のなかに『易』の十月の卦の影響は全く考えられてはいない。

しかし『易』は、記紀筆録時代、すでに十分に消化されていて、当事者たちにとって、十月といえば、それが極陰の月であることは、余りにも明白な事象だったのである。

従って、神無月の由来を、『易』の極陰、無の象にあるとして捉えることは、むしろ自然と思われるのである。

(二)　亥子突《いのこづ》き

十月が極陰月として意識されていたことを裏書きする民俗行事に「亥子突き」がある。

これは十月亥日、または十月十日に子供らが明らかに擬似陽物《ぎじようぶつ》と推測される藁苞《わらつと》で、大地を叩いてまわる行事である。

これは完全に陰陽交合、陰陽のバランスをはかる行事であるが、それは十月亥月が極陰月として意識されていたからこその行事である。

また十月亥日、または十日に炉開き、炬燵出し、をするという習俗も各地に見られる。

十月は極陰であると同時に、冬・水気の始めであるから防火の呪術としてこの日が撰ばれたわけで、これもまた極陰としての十月に対する意識の表われである。

なお、「亥子突き」の詳細は、第四章第三節における既述の通りである。

おわりに

中国哲学は具象の哲学である。根元の陰陽二気から派生した木火土金水の五気に、時間・空間・事物・事象の一切が還元され、それらはまた青赤黄白黒の五色によって象徴される。季節の推移さえ具象化され、天子が四方に四季を迎えるのはその好例である。

具象化された万象の中に観得され、想定されるものは不断の「和」と「争」であり、「変化」であるが、この和と争の中に真の「調和」を見、変化の中に「不変」を見るのである。

そこには当然、多くの法則が生み出されるが、相生・相剋、三合などはもっとも多用・多出する法則である。人間はそれを使って時に自然の推移に参画し、自然の暴威に立ち向う。

中国の迎春呪術のなかで、もっとも興味をそそられるものは犬の磔《はりつけ》である。その詳細は既著にも本文中にも記したが、『禮記』月令の中の「磔」を「犬の磔」と解した書はこれまでの学術書にはなく、その真意は不明とされていたようである。

しかし『唐月令注』に明記されているこの事実を、当時の日本知識人は確実に知っていたと思われる。しかもなお、木気の春を無事に迎えるために、木気を害《そこな》う金気を剋する方法として、金畜《きんちく》の犬を都城の門に磔にするという残酷さは、日本民族にはないものであった。しかし日本人はその原理は忠実に受け入れ、それよりもはるかに温和で、手近な手段によって同一効果を狙うのである。

つまり犬と同様に金気とされる豆とか穀類、及びそれらからつくられる豆腐とか餅などが火で焼かれたり、外に投げ出されたりして剋されるのである。ことに節分の煎り豆は日本人の好みに適《かな》い、この豆は雷除け、安産の呪物となる。一見、関係のないところに同一物が顔を見せるのは、原理という糸で、それらがつなげられているからである。

四季の推移のほか、注目されるのは災害に対する呪術である。

陰陽五行において「風」は木気に還元されるから、「金剋木」の理により、金気で風神を剋するのである。神を「尊い神様」といって拝んでいるばかりが日本の祭りや民俗ではない。時として祭りの名において神を剋し、風害・水害に立ち向う。

水の神とされる河童の祭りは多く旧六月、つまり「土用」土気の時である。「土剋水」の理で水の神を剋し、これによって夏季、子供らの溺死などを予防するのが、そもそも河童の案出された意図ではなかったろうか。

あるいは日本民族の間に古くから伝承されていた水界の妖怪を、五行の理を応用して祭り、これを水の災害予防の手段としたものかも知れないが、いずれにせよ、祭りのその日取りは、神を剋しているとしか思われないのである。

万象を五行に還元するとき、畏れられるべき神の本性さえも明確にされ、その結果、それへの対応も、時に人間の手中に在ることになる。

陰陽五行は中国から四辺の国々に伝わり、それぞれの民族性に従って変貌を遂《と》げるが、一度びその原理に立ち入って、それらをみれば、枝葉こそ違え、その根幹は一つなのである。

陰陽五行を導入して日本の民俗をみるとき、思いがけず謎がとけ、私どもの祖先は理屈のないことを余りしていないことがよくわかる。民俗行事は理によって貫かれた構造を、しっかりと持っているのである。

陰陽五行は複雑難解な古代中国哲学である。従ってその概要を説こうとするとき、私が一番におそれることは読者、あるいは聴講者の拒絶反応である。如何にしてこの厄介なものを平易に解きほぐし、知らず知らずのうちに納得がゆくように説くことが出来るのか。その方法を模索しつづけた挙句、漸く一つのポイントを探り当てた。それは人の感覚に訴えることである、と。これによって従来より余程、易しく解説されるようになったと私はひそかに自負している。その上、日本民俗に応用されている陰陽五行は、主としてその基本に当たるところであって、この基本さえ納得されれば、その応用されている様相は比較的容易に把握出来るのである。

日本民俗の到る処に陰陽五行の形跡がみられることに気づき、本書の構想を心中に懐《いだ》くようになって、略、十年の歳月が流れている。このようなわけで、この本の上梓は、序にも述べたように私の年来の願いであった。成稿以来、此度、異常ともいえる速度で上梓の運びに至ったのは、偏に人文書院の谷誠二氏の熱意によることであって、このご好誼に対しここに厚く御礼申上げる。また、その御著の中から種々引用させて頂いた方々、写真その他資料をご提供下さった方々の学恩、並びにご好意に、ご厚礼申上げる次第である。

吉野裕子

本書所収論考初出発表誌・書目一覧表

「陰陽五行思想の概要」（第一章第一・二節）
「陰陽五行と迎春呪術」（第二章第二・三・四節）
「陰陽五行と対風呪術」（第三章第五節）
「山の神と田の神、及び亥子突き考」（第四章第二節）
以上は既著『陰陽五行思想からみた日本の祭』（一九七八年六月、弘文堂刊）所収。
「犬の磔と蟹の串刺し」（第二章第二節）『民俗学評論』一五号（一九七六年十月刊）所収。
「十干・十二支について」（第一章第二節）『文化財』二〇八号（一九八〇年一月、第一法規刊）所収。
「陰陽五行と防災呪術」（第三章第一・二・三・四節）
「馬の民俗」（第四章第七節）
以上は『民族学研究』四五巻二号（一九八〇年九月刊）に「陰陽五行による日本民俗の構造的把握」として、所収。
「正月と盆の考察」（第四章第一節）『えとのす』一一号（一九七九年一月、新日本教育図書刊）所収。
「色彩の呪術」（第四章第四節）『イズ』特集号（一九八二年六月、ポーラ文化研究所刊）所収。
「易と日本の民俗」（第五章）『遊』（一九八一年十一月より一年間、工作社刊）所収。
「冬至の南瓜」（第五章第一節）『朝日新聞』（一九八一年十二月十四日）所収。
「土用丑日の鰻」（第五章第八節）『朝日新聞』（一九七七年七月二十八日）所収。

著者略歴

吉野裕子（よしの・ひろこ）
一九一六年東京に生まれる
一九三四年女子学習院、一九五四年津田塾大学、各卒。一九七五―八七年学習院女子短期大学講師。
一九七七年三月『陰陽五行思想からみた日本の祭』によって東京教育大学から文学博士の学位を授与される。
二〇〇八年没。

著　書

『扇―性と古代信仰』（初刊一九七〇年、再刊一九八四年、人文書院）
『祭の原理』（慶友社、一九七二年）
『日本古代呪術』（大和書房、一九七四年）
『隠された神々』（初刊一九七五年、再刊一九九二年、人文書院）
『陰陽五行思想からみた日本の祭』（初刊一九七八年、再刊二〇〇〇年、人文書院）
『蛇』（法政大学出版局、一九七九年）
『狐』（法政大学出版局、一九八〇年）
『日本の死生観』（初刊一九八二年、再刊一九九五年、人文書院）
『陰陽五行と日本の民俗』（初刊一九八三年、新版二〇二一年、人文書院）
『易と日本の祭祀』（人文書院、一九八四年）
『陰陽五行と童児祭祀』（人文書院、一九八六年）
『大嘗祭』（弘文堂、一九八七年）
『持統天皇』（人文書院、一九八七年）
『山の神』（人文書院、一九八九年）
『神々の誕生』（岩波書店、一九九〇年）
『五行循環』（人文書院、一九九二年）
『十二支』（人文書院、一九九四年）
『だるまの民俗学』（岩波書店、一九九五年）
『陰陽五行と日本の天皇』（人文書院、一九九八年）
『易・五行と源氏の世界』（人文書院、二〇〇〇年）
『古代日本の女性天皇』（人文書院、二〇〇五年）
『吉野裕子全集』全12巻（人文書院、二〇〇七～二〇〇八年）

©Hiroko YOSHINO, 2021
JINBUN SHOIN Printed in Japan.
ISBN 978-4-409-54085-5 C1039

陰陽《いんよう》五《ご》行《ぎょう》と日《に》本《ほん》の民俗《みんぞく》 新版

二〇二一年 四 月一〇日 初版第一刷印刷
二〇二四年 六 月二〇日 初版第二刷発行

著 者 吉野裕子

発行者 渡辺博史

発行所 人文書院
〒六一二-八四四七 京都市伏見区竹田西内畑町九
電話（〇七五）六〇三―一三四四
振替〇一〇〇〇―八―一一〇三

印刷製本 株式会社冨山房インターナショナル
装幀 上野かおる

落丁、乱丁は送料小社負担にてお取替えいたします

JCOPY 〈（社）出版者著作権管理機構 委託出版物〉
本書の無断複写は著作権法上での例外を除き禁じられています。複写される場合は、そのつど事前に、（社）出版者著作権管理機構（電話 03-3513-6969、FAX 03-3513-6979、e-mail：info@jcopy.or.jp）の許諾を得てください。

好評既刊

吉野裕子著

扇―性と古代信仰　新版

性のシンボル、神霊の依代
扇に託された象徴的意味とは？
性のタブーを打ち破る大胆な推理

二四二〇円

青島から沖縄へ／踊りと扇／祭りのなかの扇／扇の起源をさぐる／御嶽と蒲葵／神の顕現とは／大嘗祭の蒲葵／ミテグラ／扇と神事の解釈／沖縄石垣の豊年祭／私の歩んだ道―『扇』再刊によせて―／扇にひそむ秘密をときほぐしながら、性と古代信仰の謎に挑む。

表示価格（税込）は二〇二四年六月現在

好評既刊

吉野裕子著

十二支―易・五行と日本の民俗　新版

二八六〇円

易と陰陽五行の原理をふまえた
十二支の「はたらき」を、
日本の祭りと行事において実証した雄編

十二支の各支は宇宙原理としての易・五行の法則を負うが故に、万物万象はこの盤上に初めて動き出す。したがってこの法則を負う十二支の解明によって、神道祭祀はもちろん、道教・仏教の一部祭祀、および公私の年中行事、俗信による諸習俗等、はじめてその謎の多くの部分は解くことが出来るのである。（本書より）

表示価格（税込）は二〇二四年六月現在

取揃え発売中

吉野裕子全集

●全12巻

各巻三三〇〇円

(1)扇／祭の原理　(2)古代日本呪術／隠された神々
(3)陰陽五行思想からみた日本の祭　(4)蛇／狐
(5)日本人の死生観／陰陽五行と日本の民俗
(6)易と日本の祭祀／陰陽五行と童児祭祀　(7)大嘗祭／持統天皇
(8)山の神／神々の誕生　(9)五行循環／十二支
(10)ダルマの民俗学／陰陽五行と日本の天皇
(11)易・五行と源氏の世界／陰陽五行と日本の文化／雑纂
(12)古代日本の女性天皇／雑纂

表示価格(税込)は2024年6月現在